W0199016

VERA GRIEBERT-SCHRÖDER
FRANZISKA MURI

VOM ZAUBER DER RAUHNÄCHTE

Weissagungen, Bräuche und Rituale für die Zeit zwischen den Jahren

Mit Illustrationen von Beate Brömse

IRISIANA

Inhalt

DIE ZEIT ZWISCHEN DEN JAHREN

Seit alters kennen die Menschen unserer Breiten eine Zeit, die nicht von dieser Welt ist. In den Tagen und Nächten zwischen Weihnachten und dem 6. Januar, dem Tag der Heiligen Drei Könige, erlebten sie sich herausgehoben aus allem Alltäglichen, hineingesunken in eine Phase der Stille und des Rückzugs in die Stuben, während es draußen stürmte, fror – und spukte. Die Wilde Jagd scheuchte verlorene Seelen über die Lande und durch die Dörfer, allerlei Geister trieben ihr Unwesen. Also blieb man lieber am warmen Ofen sitzen, ruhte sich von den Mühen des letzten Jahres aus und lauschte den Märchen und teilweise ordentlich gruseligen Geschichten, die die Alten zu erzählen wussten. Die Uhren schienen stehen geblieben zu sein in diesen rauhen Nächten. Jetzt galten andere Regeln als im übrigen Jahr …

Und heute? Mit diesem Buch halten Sie einen ganzen Geschenkekoffer voller Ideen in der Hand, wie sich die Rauhnächte in unserer Zeit leben lassen: Da finden sich Fakten und Geschichten rund um diese ungewöhnliche Zeit, neue praktische Deutungen für die alten Bräuche, Orakel, allerlei Vorschläge für Rituale, Zauberhaftes für Kinder, Märchen zum Vorlesen und vieles mehr. Gegen Ende gibt es für jede Rauhnacht eine Einzelseite – ein Zyklus, der Ihnen in verdichteter Form das kraftvolle Potenzial dieser inspirierenden

Zeit offenlegt. Mit all dem sind Sie eingeladen, das Lebendige in dieser alten Tradition zu entdecken. Einer Tradition, die uns Heutigen viel Wertvolles zu geben hat.

Beschenken Sie sich während der Rauhnächte mit genau dem, was Sie sich während der übrigen Zeit des Jahres nicht oder niemals genug geben können. Vielleicht einen gemütlichen Austausch in der Familie und mit Freunden, Bewegung, Spaziergänge, Tanz und Freude. Vielleicht Ruhe, Besinnung, Rück- und Vorschau zur Orientierung über den Platz, an dem Sie in Ihrem Leben gerade stehen.

Mit der dabei neu gewonnenen Kraft starten Sie dann erfrischt und aufgetankt, inspiriert und »bei sich« in ein neues Jahr. Denn auch dafür dienen die Rauhnächte: zur Vorbereitung des Neuen, das da kommen wird. Und je besser diese Vorbereitung vor allem innerlich glückt, umso größer sind die Chancen fürs Gelingen. Und vielleicht öffnet es auch die Türen für die kleinen und großen Wunder, die das Leben manchmal bereithält.

Viel Freude mit dem Zauber der Rauhnächte
wünschen Ihnen
Vera Griebert-Schröder
und *Franziska Muri*

EINE ALTE TRADITION

TIEFSTES DUNKEL – UND GEBURT DES LICHTS

Rauhnächte, das klingt schaurig und schön zugleich. Sie umfassen die Zeit »zwischen den Jahren«, schließen Weihnachten, Silvester und Neujahr mit ein und enden mit dem 6. Januar, dem Tag, an dem die drei Könige aus dem Morgenland vor dem Jesuskind erschienen. Doch auch in vorchristlichen Jahrhunderten ist diese Zeitspanne bereits als etwas Außergewöhnliches angesehen worden.

Was aber bedeutet das eigentümliche Wort? »Rauh« könnte auf den ersten Blick besagen, dass es in dieser Zeit draußen kalt, nass, unwirtlich, eben rauh ist. Letztlich aber leitet es sich von »rauch« ab und damit ursprünglich von einem Begriff für »behaart, pelzig, von Fell bedeckt«. Unsere Vorfahren bezogen sich dabei auf die Felle, die die Perchten trugen – untrennbar mit den Rauhnächten verbundene, wüste und angsteinflößende Gestalten, die wir uns später noch etwas genauer ansehen werden.

Zugleich bezieht sich »rauch« auf den uralten Brauch, insbesondere in dieser Zeit zwischen den Jahren mit verschiedenen Harzen und Kräutern zu räuchern, um böse Geister zu vertreiben, von denen es gerade in der sogenannten fünften Jahreszeit nur so wimmelt.

WANN GENAU WIRD'S RAUH?

Es gibt unterschiedliche Auffassungen darüber, welche Tage und Nächte denn nun tatsächlich die Rauhnächte sind. In alten Zeiten wurden sie regional unterschiedlich angesetzt, heute handhaben es die Menschen zudem recht individuell, einfach so, wie es sich für sie stimmig anfühlt.

Damit es nicht zu verwirrend wird, beginnen wir gleich mit der Zählweise, die wir auch hier im Buch nutzen.

Von Weihnachten bis Dreikönig

Meist geht man davon aus, dass die Rauhnächte um Mitternacht nach dem Heiligen Abend beginnen und mit dem Null-Uhr-Glockenschlag zum 6. Januar enden. Man zählt dann vom 25. Dezember bis einschließlich 5. Januar zwölf Nächte. Auch wir gehen hier so vor: Die erste Rauhnacht ist also der komplette 25. Dezember, die zweite der 26. Dezember und die zwölfte der 5. Januar, stets von Mitternacht bis Mitternacht (siehe auch Übersicht auf Seite 23).

Manche zählen auch ausschließlich die Nächte von der Abenddämmerung bis zur Morgendämmerung. Jede einzelne Rauhnacht erstreckt sich dann über einen Datumswechsel: Die erste beginnt am Heiligen Abend und endet am Morgen des ersten Weihnachtsfeiertags und so weiter.

Vom Thomastag bis Dreikönig

Nach einer anderen Zählweise beginnen die Rauhnächte bereits am Thomastag, dem 21. Dezember. Dies ist gleichzeitig die Wintersonnenwende und somit der kürzeste Tag des Jahres. Es ist die Hoch-Zeit des Dunkels. Und damit wirklich der perfekte Auftakt für diese Zeit. Auch wenn es rein rechnerisch jetzt schon wieder heller zu werden beginnt, merkt man davon noch lange nichts.

Fängt man früher an zu zählen, ergeben sich natürlich mehr Tage. Will man dennoch von zwölf Tagen beziehungsweise Nächten ausgehen, wird es etwas komplizierter. Man zieht dann beispielsweise die Feiertage und Silvester ab und kommt so wiederum auf diese magische »runde« Zahl.

Aber auch ganz ohne die Zwölf kommt man zuweilen aus, mancherorts beginnt die zauberhafte Zeit bereits am 13. Dezember, in der Nacht der Lucia – der Heiligen, die als »Nikolaus der Frauen« eine Woche nach ihrem männlichen Pendant die Mädchen beschenkte.

Man kann ebenfalls den Brauch finden, 13 Rauhnächte zu begehen, oft vom 24. Dezember an. Sie beziehen sich, wohl aus dem Keltischen stammend, stärker auf den Mondaspekt und entsprechen den 13 Mondmonaten des kommenden Jahres. Dagegen steht jede der zwölf Rauhnächte für einen Sonnenmonat des nächsten Jahres.

Die ganz besonders »anderen« Nächte

Ein paar Rauhnächte stechen aus dem Reigen der üblichen hervor, sie sind mit ganz besonderen Bräuchen verbunden und allesamt auch den meisten Menschen bekannt, die sonst noch nie etwas von den Rauhnächten gehört haben. Je nach Zählweise gehören dazu:

- Wintersonnenwende, Thomastag, 21. Dezember
- Die Heilige Nacht vom 24. auf den 25. Dezember
- Silvester, 31. Dezember
- Die Drei-Königs-Nacht vom 5. auf den 6. Januar

Vorbereitung: Adventszeit

Eingeleitet werden die Rauhnächte in gewisser Weise bereits von den Adventssonntagen. Der Name kommt vom lateinischen Wort für »Ankunft« – die Christen erwarten die Ankunft, die Geburt von Jesus, letztlich auch sinnbildlich für die Wiedergeburt des Lichts, die im gleichen Zeitraum liegt und auch in vorchristlicher Zeit gefeiert wurde.

URALTES WISSEN, URALTE BRÄUCHE

Im Zeitalter von gut geheizten Wohnungen, stets verfügbarer heißer Badewannen und luxuriös gefüllten Kühlschränken mag es uns seltsam erscheinen, von rauhen Nächten zu sprechen, an welche Herleitung des Wortes wir auch denken mögen. Wir sitzen im Warmen, feiern Weihnachten, schlemmen und genießen. Beim Blick oder einem Gang nach draußen allerdings könnte uns auch heute noch bewusst werden, warum sich um diese Zeit so sonderbare Bräuche ranken: Es ist eisig kalt, tief dunkel, Wind und Schneetreiben lassen es zusätzlich ungemütlich werden.

Die Menschen früher, die am Waldrand oder in kleinen Dörfern in einfachen Holzhütten wohnten, unter deren Dächern man den Sturm heulen und die Balken ächzen hörte, waren sehr nah dran am zuweilen schaurigen Getöse der Winternächte. Sie hofften, mit kärglichen Vorräten und einer Feuerstelle, die auch etwas Licht gab, den eisigen Winter zu überdauern. Immer wieder aber fanden sie sich zusätzlich von umherziehenden Räuberbanden oder Heeren bedroht, die brandschatzten, mordeten und plünderten. Eine tatsächlich extrem rauhe Zeit, vor allem im Winter, wo man in den Häusern gewissermaßen festsaß. Die Menschen entwickelten eine Vielzahl an Bräuchen, um diese Zeit schadlos zu überstehen und ihr mit etwas Glück vielleicht sogar ihren ganz eigentümlichen Segen abzugewinnen.

Rational betrachtet mögen wir sagen, dass sie im für uns heute unvorstellbaren Dunkel und Grauen mancher Nächte ängstlich allerlei unheimliche Gestalten und bedrohliche Geister halluziniert haben mögen. Doch wenn wir heute in einer solchen Nacht mal hinaus in die Natur gehen, sind wir uns dann wahrscheinlich trotz unserer Aufgeklärtheit und unserer schützenden Zivilisation gar nicht mehr so sicher, das wirklich einschätzen zu können. Eine tatsächlich unheimliche Stimmung liegt über dem Land – oder ist es eine heilige Stille?

Die Wilde Jagd

Wenn in diesen Nächten der Sturm braust, dann ist es aus mit »heiliger Stille«. Dann, so heißt es, ist Gott Wotan mit seiner Wilden Jagd unterwegs. In der Zeit zwischen den Jahren kommt er auf die Erde und fegt mit seinem Gefolge aus allerlei wüsten Unholden und wilden Tieren über die Lande. Sie fangen verlorene Seelen ein, die sich vor ihnen zu verstecken suchen, so hört und liest man es einerseits. Oder es heißt, sie prüfen die Menschen, strafen und richten sie.

Die historischen Gegebenheiten mit den vielzähligen räubernden Horden werden diese Vorstellung sicherlich mit befruchtet haben. Wenn sich diese finsteren Trupps in der Dämmerung, dunkel gekleidet, mit Gewüte und Geheul den Dörfern näherten, wurden die Menschen von einem grauenvollen Schrecken und blanker Angst heimgesucht – ob irdische oder überirdische Macht, es war eine Übermacht.

Kam sie von himmlischer Seite, war sie Teil der natürlichen Ordnung und damit nicht ausschließlich gefürchtet. Denn Wotans Wilde Jagd brachte den Äckern neue Fruchtbarkeit. Waren er und die Seinen über sie hinweggefegt, war das ein gutes Zeichen für die kommende Saison. So gab es den Brauch, dass als Wilde Jagd oder auch Perchten maskierte Männer während der Rauhnächte auf den Feldern tanzten und stampften, um die Erde zu wecken. So hoch, wie sie dabei sprangen, so hoch würde im nächsten Jahr das Korn wachsen.

Das wilde Grauen schauen

Es gibt viele Berichte von Menschen, die die Wilde Jagd beschreiben. Meist rast sie im Sturm mit den tiefen Wolkenzügen dahin. Dann hört man nur ihr Tosen. Doch mitunter wird sie auch in einzelnen Details geschaut: wiehernde Rosse, bellende Hunde, knallende Peitschen, in Hörner blasende Reiter ... Vor allem in der Dämmerung sehen Menschen während der Rauhnächte aber auch grausige Wesen durch ihre Häuser ziehen, leidend, jammernd und bettelnd. Man wird sie, so heißt es dann, am besten wieder los, wenn man keine Angst zeigt, sie zum Gehen auffordert und ihnen ein paar Kupfermünzen mitgibt.

ABGRENZUNG VOM DUNKEL

Wir leben unter völlig anderen Umständen als unsere Vorfahren, die noch sehr eng mit den Gedanken und Bräuchen um die Wilde Jagd verbunden waren. Und dennoch: Auch heute gibt es diese wilden Kräfte, Urgewalten, Zerstörung und Neubeginn. Wir brauchen nur die Nachrichten anzuschauen oder uns umzusehen, wie viel Streit es in Familien gibt. Jeder muss einen Umgang damit finden. Jetzt könnte eine Zeit sein, sich zu fragen: Wie grenze ich mich vom Dunkel ab? Wo mische ich mich ein und wo gehe ich auf Distanz?

Frau Holle

Die Rauhnächte haben auch ihre weibliche Seite. Und die trägt zuallererst den Namen Holle. Richtig, es geht um die Frau Holle, die jeder aus den Grimm'schen Märchen kennt. Dieses Wesen über den Wolken (oder unten im Brunnen?), das die fleißige Marie mit Gold und die faule Marie mit Pech überschüttet.

Um diese zwei Seiten, das Gute und das Böse, das glänzende, liebliche Gold und das stinkende, schwarze Pech geht es auch, wenn sich Frau Holle in den Rauhnächten zeigt. Denn da taucht sie über die Zeiten in sehr unterschiedlicher Gestalt auf. So wird zum einen davon gesprochen, dass sie es ist, die mit den wilden Geistern (und dem freundlichen Eckart) im Gefolge über die Lande hinwegfegt, sobald die Rauhnächte begonnen haben. Sie prüft, ob die Menschen Ordnung halten und die jetzt gebotene Ruhe achten. Sie straft und belohnt, wie im Märchen auch. Sie begleitet die Seelen der Menschen, die im vergangenen Jahr gestorben sind, auf ihre Reise in die himmlischen Welten, in denen es ihnen an nichts fehlen wird. So dient ihr Kommen einem wesentlichen Teil des Lebenskreislaufs und war dennoch von großer Furcht unter den Menschen begleitet.

Zum anderen ist sie es, die am 6. Januar als Verkörperung des wiedergeborenen Lichts erscheint, als Künderin eines neuen Jahres. Sie kann als eine der Muttergöttinnen angesehen werden, die letztlich Mutter Erde selbst symbolisierten. Und wenn sie als solche während der Rauhnächte Ordnung schafft und am Ende dieser Zeit vom Neubeginn des natürlichen Zyklus kündet, ist dies ein wunderbares Zeichen für das Wirken der weiblichen Kraft.

GOLD UND PECH – GEHÖREN SIE ZUSAMMEN?

Frau Holle in ihrer Märchengestalt könnte Sie zu einer kleinen Reflexion anregen. Während Sie sich eine ruhige Zeit machen, so ihr Gebot, könnten Sie sich fragen: Was sind meine Goldseiten? Was sind meine Pechseiten? Was wäre ich ohne die einen oder ohne die anderen? Machen mich gerade beide zusammen zu dem Menschen, der ich eben bin? Oder will ich etwas davon loslassen?

∗ Der treue Eckart ∗

Durch die Stadt Schwarza zog einst Frau Holle mit ihrem wütenden Heer. Der treue Eckart aber ging voran und warnte die Leute, sie möchten aus dem Wege gehen.

Als nun der Schwarm durch den Ort gebraust war, kamen zwei Knaben. Sie trugen Krüge voll Bier, das sie geholt hatten. Der treue Eckart ließ sie an die Seite treten. Die wilden Jäger aber, die Durst hatten, sahen sie, nahmen ihnen die Krüge fort und tranken das Bier aus. Die Knaben waren traurig; denn sie fürchteten daheim Schläge, wenn sie kein Bier brächten. Doch hatten sie kein Geld, wieder etwas zu kaufen. Der treue Eckart aber sagte: »Seid nur getrost, ihr Jungen! Es war gut, dass ihr das Bier freiwillig gegeben habt. Geht nur nach Hause mit euren Krügen. Sagt aber in den nächsten drei Tagen nichts von dem, was euch heute Abend begegnet ist!«

Wie nun die Knaben heimkamen, waren die Krüge voll und schwer. Es war ein so gutes Bier darin, wie man es noch nie getrunken hatte. Die Krüge wurden nie leer. Als aber die Knaben ihr Erlebnis erzählten, war es aus damit.

Frau Percht und die Perchten

Mit der Percht wird die Holle oft gleichgesetzt, aber sie werden auch als ganz unterschiedliche Wesen betrachtet. Ihr Gefolge sind die Perchten: schaurige Wesen, mit denen viele sich wild vermischende Traditionen verbunden sind. Oft werden die umherziehenden Geister der Toten als Perchten bezeichnet. Dann aber nennt man auch die Maskierten, die eben diese Geister vertreiben, Perchten. Vor allem in der Nacht zum 6. Januar, dem Ende der Rauhnächte, schlüpfen im Alpenraum die jungen Männer unter grausig anzusehende Larven

(Masken) und tanzen und toben wild durch Orte, Gehöfte und Ställe. Sie treiben das Böse aus, werden aber selbst ob ihrer deftigen und zuweilen brutalen Art, mit den Menschen umzugehen, gefürchtet.

Manche unterscheiden auch zwischen Schiachpercht und Schönpercht, die eine böse und hässlich (»schiach«), die andere gut und zumindest in alten Zeiten oftmals tatsächlich schön. Meist sind allerdings auch die Schönperchten wirklich furchtbar anzusehen.

Räuchern, Reinigen, Schützen

Bei so vielen umherflirrenden Geistern, Seelen und andersweltlichen Wesen ist es kein Wunder, dass sich das Räuchern in den Häusern und auch Ställen als ein wesentlicher Brauch der Rauhnächte bis heute erhalten hat. Der Rauch der Kräuter oder Harze, wie beispielsweise Weihrauch, reinigt die Räume und treibt all die Kräfte hinaus, die dort nichts zu suchen haben. Insbesondere am 6. Januar, dem Tag der Heiligen Drei Könige und dem Abschluss der Rauhnächte, ist das Tradition.

Epiphanie und Neubeginn am 6. Januar

Mit diesem Tag endet die Zeit zwischen den Jahren, die Zeit, die nicht ganz von dieser Welt ist. Er wurde früher oftmals auch der »Dreizehnte« genannt. Nach den zwölf heiligen Nächten war es die Zeit, die als »Dreizehnte« sprichwörtlich einen Bezug zu allem Unglück in sich trug. Dieser aber wurde ins Gegenteil verkehrt, indem an eben diesem Tag alles Unheilbringende aus den Häusern vertrieben und mit Räucherwerk und Perchtengeschrei verjagt wurde.

Die Zeit des Dunkels ist an diesem Tag vorbei, die Welt atmet auf und geht – in alter Zeit nach einer großen Feier – wieder zu ihrem gewohnten Gang über, gereinigt und erneuert. In den christlichen Auslegungen wurde der 6. Januar zu dem Tag, an dem die Könige aus dem Morgenland bei der heiligen Familie eintrafen und zur Geburt Jesu Geschenke überreichten. Auch hier kam bei den späteren Bräuchen der Aspekt der Reinigung und des Schutzes hinzu: So gehen nämlich an diesem Tag in katholischen Gemeinden die Sternsinger von

Haus zu Haus und bringen mit Kreide den Segen über den Eingangstüren an. Ihr C + M + B kann für die Namen der heiligen Könige Caspar, Melchior und Balthasar stehen, aber auch für den Satz »Christus Mansionem Benedicat«, also »Christus segne dieses Haus«. Oft wird zu dieser Segnung auch mit brennendem Weihrauch durch die Räume gezogen, um alles Feindliche und Düstere endgültig zu vertreiben.

Den unerwünschten Geistern wird dabei ziemlich übel mitgespielt, denn man benutzt für die bannenden Buchstaben weiße Kreide. Die Farbe Weiß können die Geister nach alter Überlieferung nicht sehen – sie wähnen also nichts Böses; da der Segensspruch sie aber nicht hindurchlässt, hauen sie sich die Köpfe an.

VORBEREITUNG AUF DAS KOMMENDE

Seit alters dienen die zwölf Rauhnächte dazu, sich auf das neue Jahr vorzubereiten. Wir werden darauf noch an vielen Stellen hier im Buch kommen. Tatsächlich entspricht jede Rauhnacht einem der Monate des kommenden Jahres. So kann man beobachten, was an diesem Tag geschieht, wie das Wetter ist, wie sich eigene Stimmungen zeigen – und die gleiche Tendenz wird sich im entsprechenden Monat des folgenden Jahres wiederholen.

Darauf während der zwölf heiligen Nächte zu achten ist sehr lohnend – Sie werden in diesem Buch noch viele praktische Anregungen dazu erhalten.

ÜBERSICHT DER TAGE UND MONATE

Rauhnacht	Tag	Entsprechender Monat
Erste	25.12.	Januar
Zweite	26.12.	Februar
Dritte	27.12.	März
Vierte	28.12.	April
Fünfte	29.12.	Mai
Sechste	30.12.	Juni
Siebte	31.12.	Juli
Achte	1.1.	August
Neunte	2.1.	September
Zehnte	3.1.	Oktober
Elfte	4.1.	November
Zwölfte	5.1.	Dezember

DIE ANDERSZEIT

Warum ist die Zeit zwischen Wintersonnenwende und Dreikönigstag etwas derart Außergewöhnliches? Warum ranken sich so auffallend viele Bräuche und Geschichten um diese Tage? Warum liegt ein so ungewöhnlicher Zauber über dieser Phase? Wieso reichte es unseren Vorfahren – ebenso wie einer wachsenden Zahl an Menschen heute – nicht, einfach Weihnachten und Silvester zu feiern?

DIE LÜCKE IM KALENDER

Die Rauhnächte markieren einen Spalt in der Zeit, eine Lücke im normalen Lauf des Kalenders. Sie entstand, als man vom Mondkalender abkam und sich an der Sonne auszurichten begann. Ein Mondjahr dauert etwa 354 Tage, ein Sonnenjahr aber elf Tage beziehungsweise zwölf Nächte länger, nämlich 365. Um beide auszugleichen, hängte man an das Mondjahr also die fehlenden Tage als eine Besonderheit an – als Rauhnächte. Beide Kräfte, Sonne und Mond, deren Wirken und Wirkung auf den Menschen höchst unterschiedlich ist, werden mit dieser Zeit »zwischen den Jahren« ausgeglichen. Auch aus dieser Sicht wird deutlich, warum es eine Phase erhöhter Spannung und gleichzeitig vertiefter Einsichten ist.

Die Zeit ist jetzt im wahrsten Sinne des Wortes aus den Fugen. Und das bleibt nicht ohne Folgen: Die Himmel öffnen sich, die Tore zu all den Anderswelten werden weit und lassen die vielfältigsten Wesen und Gestalten zur Erde strömen, mitten unter die Menschen. Dort wimmelt es dann für zwölf Tage und vor allem Nächte nur so von Geistern, Gespenstern, Tierwesen, aufgescheuchten verlorenen Seelen, aber auch Göttern und uns wohlgesonnenen Kräften. Mit ihnen allen umzugehen, das ist wohl die Herausforderung und zugleich der Segen dieser Zeit.

DAS LICHT IM DUNKEL BEWAHREN

Draußen ist es in dieser Zeit vor allem eines: düster, grau und dunkel. Aber wir schmücken und erhellen die Straßen und Gärten, die Fenster und Zimmer mit Lichterketten, Kerzen, Adventskränzen und leuchtenden Schwibbögen. Wir sorgen selbst für Licht und Wärme. Im übertragenen Sinne gilt das auch auf der psychischen und seelischen Ebene. Mögen da auch manchmal düstere Stimmungen in uns auftauchen – wir können das Licht im Herzen bewahren. Das ist ebenfalls ein Thema der Rauhnächte, wie wir sie heute verstehen können. Draußen wird es dann von ganz allein wieder hell, Schritt für Schritt, wie auch dieser alte Spruch weiß:

An Neujahr um einen Hahnenschritt,
An Heilig' Dreikönig um einen Hirschensprung,
An Sebastian um eine ganze Stund,
An Mariä Lichtmess merkt man erst was drum.

ORAKELZEIT – WEISSAGUNG UND VORAUSSCHAU

Kehren wir noch einmal zurück in die Welt unserer Vorfahren. War die Wintersonnenwende vorbei, stand ihnen zwar der längste und härteste Teil des Winters noch bevor. Doch die Wende hin zum Licht war bereits eingeläutet. Die Menschen saßen zusammen, voller Hoffnung, dass es friedlich bleiben und die Vorräte reichen würden, dass niemand krank würde und alle wohlbehalten das Frühjahr erleben dürften. In dieser Stimmung genoss man die Gemeinschaft, die Schutz und Kraft, Austausch und Freude – das eigentlich Lichtvolle – brachte. Es wurde erzählt und gesungen. Man erinnerte sich, wie viel Schweres man schon gut überstanden hatte, erzählte Märchen, in denen das Gute siegen konnte. Und natürlich versuchte man auch, einen Blick auf die Zukunft zu erhaschen: Wie würde das neue Jahr im neugeborenen Licht werden? Würde man durchkommen? Vielleicht sogar Glück haben: günstiges Wetter und eine reiche Ernte oder eine gute Heirat für die Töchter und Söhne, gesunden Nachwuchs und ein Jahr des Friedens im Land?

Orakel für Hoffnung und Zuversicht

Weltweit kennen die Menschen Methoden der Weissagung, die einen Einblick in die Zukunft erlauben sollen: von ganz spielerischen, fast kindlichen Formen bis hin zu ausgeklügelten Systemen, die nur mit großem Wissen und Deutungsbüchern sinnvoll genutzt werden können.

Die Zeit der Rauhnächte, in der die Tore zu den Anderswelten offen stehen, ist wie dafür geschaffen, durch diese Tore zu spähen oder sich von den Bewohnern dort, die nun hier umherstreifen,

Einblicke in die Zukunft geben zu lassen. Orakel der vielfältigsten Art haben jetzt Hochkonjunktur. Sie werden auch hier noch einige Anregungen erhalten, sie zu nutzen.

Zeit kraftvoller Visionen

Schamanen, Heilkundige, Weise und Magier aller Zeiten nutzten diese besondere Phase im Jahr, um sich allein in die Natur zurückzuziehen und sich ganz ihren geistigen Verbündeten und den großen Kräften des Lebens hinzugeben. Sie erbaten jetzt eine Vision für ihr weiteres Wirken.

MONDZEIT

Ruhe, Weissagung, Innenschau, Empfänglichkeit für all das, was sich in der Natur und im eigenen Erleben zeigen will – dies sind Stimmungen, wie sie uns der Mond schenkt. So sind die Rauhnächte vor allem auch seine Zeit, die Zeit all dessen, was im Alltag oftmals nur wenig Platz hat: Innehalten, Muße, tiefe Gefühle und deren Austausch, Kontakte mit der Anderswelt, die weiblichen Kräfte des Fließens und Geschehenlassens, die Macht von Wandel und Veränderung in ewig kreisenden Zyklen. Der Mond wandelt stetig sein Gesicht und ist doch eine Konstante, die uns immer begleitet und die Meere ebenso bewegt wie unsere Gefühle.

Wir leben in einer stark vom Sonnenhaften geprägten, an männlichen Grundwerten orientierten Zeit. Wir sind aktiv, leisten, erschaffen, es gilt als erstrebenswert, zu glänzen und zu leuchten. Die Rauhnächte als Mondzeit ins eigene Leben einzuladen kann hier eine Balance schaffen, die uns Erholung, Tiefe, Weitblick und stets neue Kraft schenkt.

✻ DER MOND IN MEINEM LEBEN ✻

Vielleicht wollen Sie einmal reflektieren, wie Sie das »Mondige« erfahren, wo es seinen Platz in Ihrem Leben hat und wie Sie sich damit eigentlich fühlen. Wo sind Sie empfänglich, passiv, offen, wo sind Sie bereit, anzunehmen, aufzunehmen, Wandel zuzulassen? Wo nehmen Sie selbstbewusst Ihren Platz ein, ohne selbst zu »leuchten«, selbst laut und auffällig zu sein? Wo lassen Sie still das Licht anderer auf sich wirken? Wo kommen Sie ins Fließen, lassen vertrauensvoll geschehen? Wo lassen Sie Ihre Intuition zu Wort kommen, die innere Stimme, die Meinung aus dem Bauch?

IHRE GANZ PERSÖNLICHE ZEIT

Vielleicht haben Sie Lust, die Rauhnächte für sich selbst aufleben zu lassen, auf die Weise, die zu Ihnen passt. Sie könnten Altes mit Neuem verbinden. Ebenso wie Aktivität und Ruhe. In der sogenannten stillen Zeit kann natürlich ganz schön viel Trubel herrschen. Familienbesuche, Festessen, großer Rummel um Geschenke und natürlich die Silvesterparty – all das kann schön sein, aber auch stressen. Zugleich jedoch, was auch immer los ist: Da ist diese Ruhe der dunklen Abende und der langen Nächte. Vor allem in der Natur ist es still. Wir möchten nicht unbedingt hinaus in die unwirtliche Kälte – aber sie kann uns daran erinnern, dass es auch diese Seite des Lebens gibt: während wir vielleicht am Fenster stehen, weil wir ein paar Minuten Abstand wollten, um das fröhliche Plaudern der Gäste bewusst als Moment des eigenen Lebens wahrzunehmen. Oder auch, weil wir eine Pause vom Gespräch brauchten. Immer gibt es beide Welten zugleich, Sonne und Mond, Geräusche und Stille, Aktivität und Ruhe.

RAUS AUS DEM IMMERGLEICHEN

Zumindest in der inneren Haltung können Sie sich dies in den Rauhnächten ganz sicher gönnen: Einfach mal raus aus dem Gewohnten, das da meist heißt Erledigungen, Zeitdruck,

Hast, Unruhe und Gedankenwirbel. Doch auch Menschen, die sich gerade in einer Phase befinden, in der sie sich überhaupt nicht gebraucht und eher gelangweilt fühlen, könnten aufatmen und sich vornehmen: Für diese zwölf Tage gebe ich mir einen Schubs und feiere sie bewusst als Vorbereitung für etwas Neues. Probieren Sie es aus, ob schwungvoll und bewegt oder gemütlich und geruhsam.

Eines ist sicher: Wenn wir innerlich ein wenig zur Ruhe finden, setzt sich der im Alltag aufgewirbelte »Schlamm« unseres Lebens langsam auf dem Boden ab, das Wasser unseres Seins wird klar, und wir erkennen wieder, wohin wir eigentlich wollen.

DAS POTENZIAL ENTDECKEN

Stellen Sie sich einmal vor, Sie hasten durch einen dunklen Wald. Rastlos kämpfen Sie sich durch den tiefen Schnee, weil Sie wissen, dass Sie an irgendein Ziel gelangen müssen. Sie reiben immer wieder die Hände gegeneinander, die trotz Ihrer dicken Handschuhe wie erfroren wirken.

Plötzlich sehen Sie durch die Bäume hindurch ein Feuer. Sie fühlen sich magisch angezogen von den warm und hell lodernden Flammen. Sie vergessen Ihr dringendes Ziel für einen Augenblick und gehen nur noch dem Licht und der Wärme entgegen. Und wie Sie durch die letzte dichte Baumreihe vor einer Lichtung spähen, sehen Sie den großen Feuerplatz, und um die Flammen herum stehen eigenartige Wesen versammelt. Sie erscheinen Ihnen fremd und doch vertraut. Kein Wunder, denn es sind die Kräfte Ihres Lebens, all Ihre Gaben und Potenziale, Ihre Stärken und auch Schwächen.

Und mittendrin allerlei Verbündete und Freunde aus all den Welten, die Sie mit Ihren Alltagsaugen gar nicht wahrnehmen könnten. Vielleicht haben sie Tiergestalt, möglicherweise gibt es Feen und Engel darunter oder Wesen, deren Aussehen nur Sie allein kennen. Sie alle sind hier und laden Sie ein, eine Weile innezuhalten, sich am Feuer zu wärmen und sich mit all den Versammelten in tiefer Verbundenheit auszutauschen. Es könnte sein, dass dabei ungeahnte Freundschaften entstehen, die Sie durch das kommende Jahr tragen, Ihnen die nötige Power für alles Weitere geben und vielleicht sogar die allerbesten »Samen« in Ihnen zum Keimen anregen …

Auf einen solchen Besuch am wärmenden Feuer der Kräfte Ihres Lebens laden wir Sie mit den weiteren Kapiteln dieses Buches ein. Sie können ihn in den kommenden Rauhnächten unternehmen, für die Sie hier noch jede Menge auch ganz praktische Anregungen finden werden.

Das inspirierende Beispiel einer solchen Reise erzählt das folgende Märchen aus Russland. Für uns ist es ein wundervoller Ausdruck für die Kraft der tieferen Ordnung, die allem Natürlichen innewohnt und das wirklich Überdauernde ist. Orientiert man sich an dieser Ordnung, soweit es einem Menschen auch in modernen Zeiten möglich ist, dann scheinen plötzlich sogar Wunder wahr zu werden.

Die zwölf Monate

Vor langer, langer Zeit stand mitten in den Weiten der russischen Wälder ein hübsches Schloss. In ihm regierte ein zwölfjähriges Mädchen das Land, seit seine Eltern, das Königspaar, verstorben waren. Es war eine stolze und kecke kleine Königin. Am Silvestertag saß sie mit ihrem Lehrer im Schulzimmer. Der Professor zählte die zwölf Monate auf und erklärte, dass immer einer auf den anderen folgt, immer im selben Kreislauf. Da unterbrach ihn die Königin:

»Wenn es nun aber mein Wille ist, dass der April schon jetzt beginnt?«

»Das ist unmöglich, Majestät!«, antwortete der Professor.

»Wie bitte?« Die Königin zog eine Augenbraue hoch.

»Nicht ich widerspreche euch, Majestät, es sind die Wissenschaft und die Natur selbst.«

»Papperlapapp! Und wenn ich ein Gesetz erlasse, dass heute April ist, und mein Großsiegel daraufdrücke?«

Der Professor gab sich alle Mühe, die Königin von den Gesetzen der Natur zu überzeugen, doch er riskierte Kopf und Kragen. Die kleine Königin ließ ihn schließlich einen Befehl ausrufen, dass zum Neujahrsempfang morgen ein Korb voller Schneeglöckchen geliefert werden solle – gegen eine fürstliche Belohnung.

Diesen Befehl nun hörte eine alte Frau, die eine faule, garstige Tochter und eine liebreizende, fleißige Stieftochter hatte. Den ganzen Tag über schikanierte die Alte das Stiefkind. Das Mädchen war vom Morgengrauen bis in die Nacht tätig, es sammelte Reisig, war auf dem Feld, kochte, wusch und putzte, doch nichts konnte es der Stiefmutter recht machen. Und nun befahl die herzlose Alte dem Kind, in den bitterkalten, tief verschneiten Wald zu gehen, um einen Korb voller Schneeglöckchen zu holen. Was nützten ihm das Argumentieren und das Klagen? Die Stiefmutter kannte kein Erbarmen. Und so zog das Mädchen los.

Draußen im dichten Dickicht war alles so tief gefroren, dass selbst die Tiere zitterten und jammerten. Weit war das Mädchen gelaufen, und es war bereits dunkel, als es sich erschöpft unter einen Baum setzte. Plötzlich traf es ein Tannenzapfen an der Schulter, und es schreckte auf.

»Nicht einschlafen«, rief ein Eichhörnchen, »du erfrierst.«

»Wieso kannst du denn sprechen?«, fragte das Mädchen.

»Ich kann immer sprechen«, lachte das Eichhörnchen, »aber heute hörst du mich, denn es ist ja die Neujahrsnacht.«

Mit einem Mal entdeckte das Kind einen Feuerschein in der Ferne. Staunend raffte es sich auf und ging dem Licht entgegen. Als es näher kam, erkannte es, dass um ein großes Feuer zwölf Männer herumstanden, alte und junge. Einer der Ältesten mit einem langen weißen Bart wandte sich gerade an den Nächsten, der ebenfalls sehr alt war. Er überreichte ihm einen Stab mit langen Eiszapfen und sagte: »Bruder Januar, meine Zeit ist vorbei, übernimm du die Geschäfte.«

»Danke, Bruder Dezember, ich werde für alles Wohl in der Welt und der Natur weiter sorgen.«

Da erblickten die Männer das frierende Mädchen und luden es ein, sich am Feuer zu wärmen. Als sie es fragten, was es denn um diese Zeit im Wald zu suchen habe, erzählte es von seinem Auftrag. Bruder März lachte und stieß Bruder April an: »Schneeglöckchen will sie, dann ist sie also dein Gast!«

Alle lachten, und das Mädchen sagte traurig: »Ich würde so gern mit euch lachen, aber ich darf ohne die Schneeglöckchen nicht nach Hause kommen.« Sie wandte sich zum Gehen. »Habt Dank, dass ich mich bei euch wärmen durfte. Bitte verzeiht, wenn ich euch gestört habe.«

Der April aber rief sie zurück. »Halt, ich möchte dir helfen. Bruder Januar, überlass mir für eine Stunde deinen Platz.«

»Das geht nicht. Der April darf nicht vor dem Februar und dem März kommen.«

»Oh, an mir soll es nicht liegen«, rief Bruder März. Und auch der Februar war einverstanden.

Da schlug Bruder Januar mit dem Stab auf die Erde und rief seinen Spruch in den Wald hinaus. Der Schneesturm legte sich. Er reichte den Stab an den Februar und an den März weiter. Die Seen tauten auf, der Schnee schmolz, die ersten Vögel kehrten wieder. Und als Bruder April den Stab übernahm, spitzte das erste Grün aus der Erde hervor, und es erblühten Wiesen voller Schneeglöckchen.

Das Mädchen wusste sich vor Staunen gar nicht zu fassen.

»Pflück deine Blumen, du hast nur diese eine Stunde.«

Während es sammelte, beratschlagten die Brüder. Der Älteste

sprach: »Nur selten findet ein Mensch den Weg zu uns. Nun ist sie gekommen. Das ganze Jahr über sehen wir, wie fleißig sie ist und wie gut zu Mensch und Tier.«

Als es zurückkehrte, bedankte es sich herzlich für die Blumen. Bruder April hielt ihr einen Ring hin: »Wann immer du Hilfe brauchst, wirf diesen Ring auf die Erde – und wir werden zu dir eilen, alle zwölf. Du musst nur diesen Spruch dazu aufsagen:

Kullre, kullre, Ringlein mein,
auf des Frühlings Stufen drein,
in des Sommers Flur hinein,
in des Herbstes Kämmerlein,
auf des Winters Teppich dann
komm ans Neujahrsfeuer ran!«

Zum Abschied sprach der Dezember: »Heute in dieser Neujahrsnacht hast du uns alle auf einmal gesehen. Alle anderen Menschen brauchen Tage und Wochen, bis sie den April sehen, den August – und so ist es auch richtig. Verrate niemandem, wie du hierhergefunden hast.«

Das Mädchen versprach es. Reich beschenkt und dankbar kehrte es nach Hause zurück. Die Stiefmutter staunte erfreut über die Schneeglöckchen und eilte mit ihrer leiblichen Tochter zum Hof, um sich die Belohnung abzuholen. Dort prahlten sie, wie tapfer sie sich in den Winterwald hinausgewagt hätten. Und es kam, wie es kommen musste: Die Königin verlangte, selbst zu dem Ort gebracht zu werden, an dem die Blümchen wachsen. Da konnte die Alte nur stammeln und stottern.

Schließlich versuchte sie, ihrer Stieftochter zu entlocken, wo sie die Schneeglöckchen gefunden hatte. Die aber schwieg. Und so schickte sie das Mädchen erneut in den Wald, die andere Tochter aber sollte ihr heimlich nachgehen und den Weg markieren. Die Königin folgte mit der Kutsche, mit Soldaten und dem Professor.

Wieder also lief das Mädchen durch den eisigen Wald. Es kannte sich hier so gut aus, dass es sofort bemerkte, dass etwas nicht stimmte. Und da ertappte es auch schon die Stiefschwester, die ungeschickt hinter einem Baum hervorlugte. Doch was half es? Die Kutsche war längst unterwegs, und bald hatte sie die beiden eingeholt.

Die Königin stieg aus und ging auf das Mädchen zu: »Du bist das also, die die Schneeglöckchen gefunden hat. Dann zeig mir jetzt, wo sie wachsen. Ich werde dich auch reich belohnen.« Und sie legte dem frierenden Kind, etwa gleich alt wie sie selbst, einen Mantel um.

»Es tut mir leid, aber ich kann dieser Bitte nicht nachkommen.«

»Bitte? Ich bin die Königin, ich bitte nicht, ich befehle. Und ich befehle dir, mir die Blumenwiese zu zeigen!«

»Nein, das kann ich nicht. Ich darf es nicht.«

»Wie wagst du es, mit mir zu sprechen! Nehmt ihr den Mantel wieder ab, und gleich auch noch die Handschuhe!«

Als ein Soldat ihr die Handschuhe wegriss, kam glitzernd und funkelnd der Ring zum Vorschein. Die Königin nahm ihn sofort an sich. »So einen schönen Ring habe nicht einmal ich in meinem Schatz.«

»Bitte gebt ihn mir zurück, er ist alles, was ich habe.«

»Zeig mir die Blumen! Oder ich werfe diesen Ring weit fort, sodass du ihn nie wieder findest.«

»Nein, bitte, ich darf es nicht sagen …«

Und schon flog der Ring im hohen Bogen über die verschneite Landschaft. In seiner Not rief das Mädchen den Spruch:

»Kullre, kullre, Ringlein mein,
auf des Frühlings Stufen drein,
in des Sommers Flur hinein,
in des Herbstes Kämmerlein,
auf des Winters Teppich dann
komm ans Neujahrsfeuer ran!«

Da erhob sich ein mächtiges Brausen, der Schneesturm wuchs zum Orkan, die Menschen wirbelten in die Luft, und die zwölf Brüder trugen das Mädchen mit sich fort. Die anderen aber erlebten plötzlich, wie die Kälte nachließ, wie der Frühling kam, Minuten später schon dem Sommer wich, bis es so heiß wurde, dass sie die Pelze von sich warfen. Gleich darauf kam der Herbst mit seinen Stürmen und trug die Mäntel weit fort, ja sogar die Kutsche. Die Soldaten machten sich feige mit den Pferden auf und davon. Und ehe es sich die Königin, der Professor und die Stiefmutter mit ihrer Tochter versahen, war es wieder Winter, und sie froren jämmerlich.

Da trat Bruder Januar auf sie zu, und die Königin versprach ihm reichen Lohn, wenn er sie nach Hause bringen würde.

»Ich brauche dein Geld nicht, ich bin viel reicher als du. Alles Glitzern hier ringsum gehört mir. Aber jeder von euch darf sich zum Neujahr etwas wünschen.«

Die Königin wollte nur nach Hause, der Lehrer wünschte sich, dass alles seine Ordnung habe und wieder nach den Naturgesetzen verlaufe. Und die Alte und ihre Tochter gerieten darüber, was wohl der beste Wunsch sei, so in Streit, dass sie sich in kläffende Hunde verwandelten.

Derweil hatten die Brüder das arme Mädchen reich beschenkt, mit Pelzen und schönen Kleidern, einem Schlitten und prächtigen Pferden. Die Königin trat zu ihm hin: »Nimm uns mit nach Hause, ich werde dich reich belohnen.«

»Danke, ich brauche deinen Lohn nicht«, antwortete das Mädchen. Die Königin zitterte vor Kälte und war ratlos.

»Vielleicht musst du sie bitten«, empfahl Bruder Januar.

»Das kann ich nicht so gut, aber ich werde es versuchen«, sagte sie unsicher. »Mädchen, bitte nimm uns mit nach Hause, uns ist so schrecklich kalt.«

»Aber gern, und Pelze und Decken könnt ihr auch haben.«

Und so brachen sie auf, in Richtung Dorf und Schloss. Das Mädchen dankte den zwölf Brüdern innig für ihre Gaben und ihre Unterstützung.

»Leb wohl und vergiss uns nicht«, riefen sie ihm zum Abschied nach, »wir kommen dich besuchen, immer einer von uns, und wir bringen dir die Geschenke des ganzen Jahres mit.«

Alte Bräuche neu gelebt

BRÄUCHE SIND MAGIE

Für unsere Ahnen hatten Bräuche wesentliche Funktionen: Sie sollten entweder etwas Negatives verhindern oder etwas Positives bewirken. Im Sinne des Weiterlebens, der Fruchtbarkeit bei Mensch und Tier und des Gedeihens auf den Feldern einigte man sich kollektiv auf einzelne Verhaltensregeln, die eine bestimmte Wirkung haben sollten. Oftmals steckte Erfahrungswissen dahinter und häufig eine Logik, die einer viel stärker ganzheitlichen Sicht entsprang, als wir sie heute haben. Dazu gehörte auch, dass man die »Geister« nicht verärgern durfte. Das mag für uns heute seltsam klingen. Doch verbirgt sich dahinter nicht vielleicht auch das Wissen, die geistige Welt und alle Wesen, die mit uns diesen blauen Planeten bevölkern, zu achten?

DIE BRÄUCHE DER RAUHNÄCHTE

In der Zeit zwischen den Jahren ist das Alte vorbei, aber das Neue ist noch nicht greifbar. Wir hängen gewissermaßen in einem Spalt zwischen den klar geregelten Dingen des alltäglichen Lebens. Eine gefährliche Zeit. Die Tore zu den Anderswelten stehen weit offen, allerlei Kräfte mit guten oder weniger guten Absichten werden spürbar. Die Rauhnächte nahm man daher sehr früh schon als willkommenen Freiraum für allerlei Gespenster und Geister wahr. Kein Wunder also, dass es besonderer Regeln bedurfte, diese Zeit schadlos zu überstehen und sogar das Beste daraus zu machen. So entwickelten sich viele Bräuche für diese besondere »Jahreszeit«, einerseits regionaltypisch, andererseits weite Gegenden übergreifend. Kaum jemand kann sie in allen Facetten aufzählen. Hier nur eine Auswahl aus all den Bräuchen, die uns zu Ohren gekommen sind. Viele sind ländlich geprägt und haben heute an Bedeutung verloren. Andere passen auch zu einem modernen Großstadtleben.

BRÄUCHE UND REGELN DER ZEIT ZWISCHEN DEN JAHREN

- Gehöfte werden mit geweihten Kerzenlichtern umstellt, damit die Wilde Jagd sie in Ruhe lassen muss.
- Jede Nacht stellt man ein Licht ins Fenster, um von bösen Geistern verschont zu bleiben.
- Nach Einbruch der Dämmerung sollte man nicht mehr hinausgehen – allenfalls mit einem geweihten Licht in der Hand.
- Vielerorts wird am 6. Januar geräuchert, um alles von den alten Energien zu reinigen. Manche räuchern zusätzlich am 24. und am 31. Dezember, andere tun es täglich.
- Wie das Wetter während der Rauhnächte ist, so ist die Tendenz in den jeweiligen Monaten im folgenden Jahr. Vor allem für Bauern eine wichtige Regel.
- Während der gesamten Rauhnächte sollten alle Räder still stehen.
- Es sollte keine Wäsche gewaschen oder zum Trocknen aufgehängt werden.

- Man sollte nicht streiten, fluchen, schimpfen oder mit den Türen schlagen.
- Man sollte Tieren um Mitternacht eine Extraportion Futter geben, und man kann sie in dieser Zeit sprechen hören.
- Es ist überhaupt die Zeit des Lauschens, man sollte sich daher gegenseitig viel erzählen und besonders gut zuhören.
- Wenn sich Liebespaare in dieser Zeit häufig sehen, verstärkt das die Bande zwischen den beiden Partnern.
- Man sollte anderen möglichst viel und von Herzen schenken und auch niemals einen Bettler oder Bedürftigen abweisen.
- Herzliche, gute Bauern erlaubten ihrem Gesinde früher, in dieser Zeit länger mit in der warmen Stube zu sitzen als sonst im Jahr.
- Verbrannte Speisen oder Reste wurden ins Herdfeuer geworfen und sinnbildlich so den armen Seelen übergeben.
- Man sollte in dieser Zeit alle noch offenen Rechnungen begleichen und Ordnung machen.
- Zu Neujahr wünscht man sich Glück, den ersten Wunsch sollte man unbedingt vom anderen Geschlecht erhalten.
- Mit Segenssprüchen wurden Haus und Hof zu Neujahr oder am 6. Januar geweiht. Daher auch die Tradition der Sternsinger.
- Speisen wurden geweiht, und man gab den Tieren geweihtes Salz ins Futter.
- Die Perchten vertrieben, wild und zuweilen grausig maskiert, insbesondere am 6. Januar alle zurückgebliebenen bösen Geister aus Haus und Stall.

Irgendetwas ist anders in dieser Zeit von Weihnachten bis zum 6. Januar. Ist es stiller, besinnlicher? Sprechen die Menschen mehr miteinander, privater, persönlicher? Es liegt vor allem an den Weihnachtstagen oft so ein Zauber über der Welt, ein Wohlwollen, ein Gefühl der Verbundenheit. Selbst in unserer modernen Alles-ist-rund-um-die-Uhr-verfügbar-Mentalität hat sich davon etwas erhalten können. In den Tagen zwischen den Jahren ist es meist möglich, sich ohne schlechtes Gewissen in den Urlaub zu begeben und wirklich mal abzuschalten.

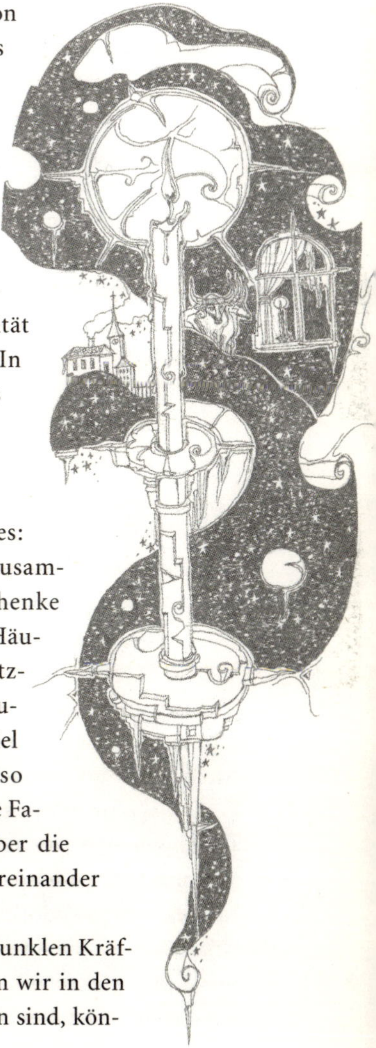

Jetzt geht es einfach um etwas anderes: Es wird gefeiert, Familien kommen zusammen, Freunde besuchen sich, Geschenke werden ausgetauscht, in den meisten Häusern duftet es verführerisch nach Plätzchen, Bratäpfeln, Tannengrün und Räucherwerk. Es ist Zeit für Märchen, Spiel und Geselligkeit. Sicher klagt so manche(r) über den Druck, eine große Familienfeier ausrichten zu müssen. Aber die meisten haben doch mehr Zeit – füreinander und für sich selbst.

Natürlicherweise kommen uns die dunklen Kräfte in dieser Zeit recht nahe. Und wenn wir in den Familien enger als gewohnt zusammen sind, können sich leicht auch angestaute Emotionen ihren Weg bahnen. Da heißt es vor allem: achtsam sein.

Man kann sich in dieser Stimmung gut vom Alten inspirieren lassen. Oft treffen wir ja auch gerade jetzt mit Verwandten aus mehreren Generationen zusammen. Dann wird erzählt, es werden Erinnerungen ausgetauscht, man kommt darauf, wie es »früher« war. Und staunt nicht selten über die tiefe Weisheit alter Gepflogenheiten. Manches mag uns heute verschroben und altbacken, nicht mehr zeitgemäß erscheinen. Vieles ist zum Glück nicht mehr aktuell. Anderes aber lässt etwas in uns zum Klingen bringen, es hat etwas mit uns zu tun, auch wenn wir es vielleicht nicht genau benennen können.

WAS GEHT, WAS BLEIBT?

Wir leben in einer Zeit, die noch mit der vor 30, 50 oder gar 100 Jahren nicht mehr allzu viel gemein hat. Jede gesellschaftliche Grundstimmung wird von einer nächsten abgelöst, der Einfluss der Religionen, die Lebensweise und der Umgang mit Umwelt und Mitmensch, so vieles verändert sich. Und doch gibt es da etwas Verbindendes, das die Zeit überdauert: im Menschsein und auch in der Natur, die damals wie heute die Grundlage unseres Lebens ist. Es gibt Konstanten aus den Gegebenheiten des Erdenlebens heraus, die für uns heute genauso gelten wie für unsere Ahnen: die Jahreszeiten beispielsweise und die Emotionen, die sie auslösen können. Mit ihnen sind die Kreisläufe des Lebens, die ewigen Zyklen von Anfang und Ende, von Geburt und Sterben verbunden. Sie waren für den Bauern vor 500 Jahren ebenso wichtig, wie sie es für uns heute sind. Nicht nur, weil unsere Nahrung letztlich von genau den gleichen Äckern kommt wie damals, sondern weil auch unser Leben vom Wachsen und Vergehen geprägt ist, Tag für Tag.

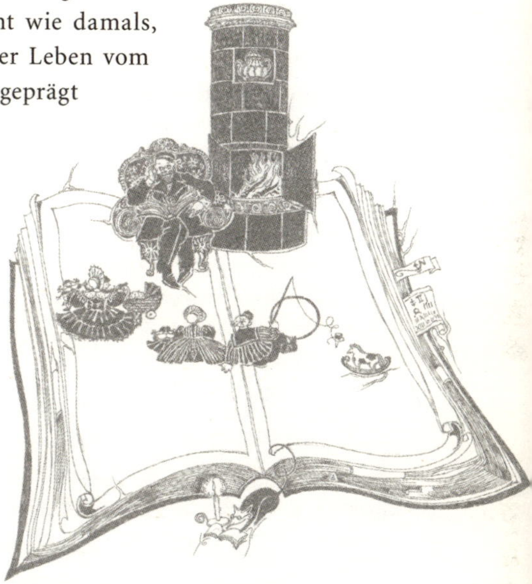

Aus dem Schatz des Überdauernden speisen sich viele der Bräuche, die jahrhundertelang in unterschiedlichster Gestalt gepflegt wurden. Ein paar der typischsten Bräuche aus der Zeit zwischen den Jahren haben wir hier ausgewählt, um Ihnen neuzeitliche Impulse zu geben, wie sie sich heute deuten und leben lassen könnten. Ihrer Fantasie, diese Vorschläge zu erweitern, sind natürlich keine Grenzen gesetzt. Und falls Sie Lust haben, einen neuartigen Umgang damit praktisch auszuprobieren, könnten Sie die Anregungen in den Kästen interessieren. Zunächst aber noch eine kleine Weihnachtsgeschichte, wie sie vielleicht schon öfter von den Großeltern am knisternden Kaminfeuer vorgelesen wurde …

Das Weihnachtsgeschenk

An einem Weihnachtsabend wanderte ein armer Strumpfwirker von Görlitz heim nach seiner Vaterstadt Bautzen. Ihm war traurig zumute, wenn er an seine sechs Kinder dachte, die zu Hause warteten. Er hatte Ware abgeliefert und das erhoffte Geld nicht erhalten.

Trübsinnig schritt er einher und achtete kaum des Weges. Da sah er plötzlich bei Krischa rechts am Wege ein Wäldchen, das hell erleuchtet war. Neugierig geworden, wollte er doch einmal sehen, was da los war. Er ging vorsichtig näher. Da trat ihm plötzlich ein kleines, kaum vier Spannen hohes Männchen entgegen, grüßte ihn und sagte, er solle nur näherkommen, ihm sei heute noch eine große Freude beschert. Das ließ sich der Strumpfwirker nicht zweimal sagen. Wie erstaunte er aber, als er sah, dass all die kleinen Fichten wie Weihnachtsbäume mit Äpfeln, Nüssen, Mandeln und Zuckerwerk behangen waren.

»Nimm dir, so viel du magst«, lud ihn das Männlein ein, »und gib's deinen Kindern!«

Rasch packte er seinen Sack voll und wanderte weiter über Weißenberg nach Bautzen zu. Wie schwer aber wurde ihm die Last! Kurz vor der Stadt konnte er den Sack kaum noch schleppen und erreichte endlich müde und matt sein Haus.

Die Kinder warteten schon lange. Erschöpft ließ er den Sack von der Schulter gleiten und freute sich schon auf die Überraschung, wenn sie die Äpfel und Nüsse vorfinden würden. Aber was war das! Statt der verschiedensten Leckereien kullerten Goldstücke aus dem Sack, lauter schwere, alte Münzen! Nun hatte alle Not endlich ein Ende.

STETS EIN LICHT IM FENSTER

Früher stellten die Bauern in den heiligen Nächten an alle vier Seiten ihres Hofes eine Kerze. Die Wilde Jagd hatte so keine Chance, Haus, Hof, Vieh und Mensch zu stören. Manchmal gingen diese Kerzen auch aus, ganz gleich, wie gut man sie vor dem Wind geschützt hatte. Es war sicher ein unheimliches Gefühl, in einer solchen Nacht wieder hinausgehen und das Licht neu entzünden zu müssen.

Die Menschen damals hatten einen deutlich stärkeren Bezug zum Dunkel als wir heute. Und so hatte auch das Licht ein anderes Gewicht, insbesondere in der Zeit, in der es sich rar machte. Jede Nacht Kerzen brennen zu lassen, das war teuer, eine nicht unerhebliche Investition, die dennoch sein musste. Stand das Licht doch immer auch – ob bewusst oder nicht – für das eigene Lebenslicht, für das der Mensch Sorge tragen muss.

Wir heute schmücken den Garten und die Fenster mit Lichterketten, teilweise bunt und sogar blinkend. Speziell während der zwölf Rauhnächte ist es ein moderner Brauch, ein Kerzenlicht ins Fenster zu stellen, das die Nacht über brennt. Das kann unsere Erinnerung daran sein, das Licht in sich selbst, in den eigenen, den inneren Räumen zu bewahren. Dieses Licht ist ein Gegenpol zum Dunkel dieser Zeit im Jahr.

Es ist eine Abgrenzung gegen die Schatten, die die Macht übernommen zu haben scheinen.

Steht ein Licht im Fenster, bleibt allerdings eines nicht aus: Man selbst wirft dann einen Schatten an die Wände der Zimmer. Was könnte das im übertragenen Sinn bedeuten? Die eigenen inneren Schatten anzusehen und zu akzeptieren, dass sie da sind, wird auf dem Lebensweg eines Menschen wohl immer auch dazugehören. Und warum nicht diese Zeit dafür nutzen, in der Licht und Dunkel ohnehin die alles beherrschenden Themen sind?

LICHT UND DUNKEL

Folgende kleine Übung können Sie jeden Rauhnachtabend in der Dämmerung machen: Sie zünden eine Kerze oder ein Teelicht an und stellen das Licht ins Fenster, natürlich so gesichert, dass über Nacht nichts passieren kann. Sie verbinden sich mit der Flamme und nehmen Kontakt zum Licht in Ihnen selbst auf.

Sie könnten sich dabei auch fragen: Was bedeutet Licht für mich? Und was Dunkel? Lassen Sie Gedanken, Gefühle, Ideen aufsteigen und nehmen Sie sie einfach wahr. Vielleicht wollen Sie sich auch ein paar Notizen machen. Und lassen Sie sich überraschen, was sich am nächsten Tag zu diesem Thema zeigen will, wenn Sie das Ritual wiederholen.

KEINE WÄSCHE WASCHEN

Früher war auch dies ein Brauch: keine Wäsche waschen und nichts zum Trocknen nach draußen hängen. Dass die Wäsche während der Rauhnächte nicht und vor allem nicht über Nacht draußen aufgehängt werden sollte, lässt sich relativ leicht begründen: Die Wilde Jagd treibt allerlei Untote und verlorene Seelen vor sich her, die in höchster Not natürlich Unterschlupf suchen. Leicht können sie sich in der Wäsche verfangen und dann Unheil über deren Besitzer bringen.

Und heute? Sicherlich ist es gerade in einem Haushalt mit Kindern kaum möglich, über einen so langen Zeitraum von fast zwei Wochen nicht zu waschen. Wörtlich muss diese Anweisung aber auch nicht verstanden werden. Vielleicht heißt es einfach, nicht oder zumindest nicht schwer zu arbeiten. Denn schwer war das Wäschewaschen früher zweifellos, mit Bürste und Waschbrett am Brunnen, im eiskalten Fluss oder in diversen Zubern im Hof.

Man könnte sich daher heute erlauben, in dieser Zeit außerhalb des Gewöhnlichen alles das nicht zu machen, was wirklich schwerfällt, was man selbst als schwer empfindet. Für manche ist das vielleicht die Steuererklärung – kann sie noch warten? Andere quälen sich damit, immer erreichbar zu sein – vielleicht muss das in dieser Zeit gar nicht rund um die Uhr sein? Könnten jetzt nicht ausschließlich Ruhe, Genuss, entspanntes Miteinander angesagt sein?

Es gibt noch einen anderen Aspekt: Die Wäsche, die man nicht nach draußen hängen soll, könnte auch für den Besitz, das Können oder Wissen stehen, das man zur Schau stellt.

DIE RÄDER STILLSTEHEN LASSEN

Auch das lässt sich leicht als Abstand zur Arbeit verstehen. Doch es könnte mehr dahinterstecken. Sicherlich kann es für uns heute nicht heißen, die Autos stehen zu lassen und auch Züge und Busse, ja selbst Fahrräder zu ignorieren. Wer das kann und will – wunderbar. Doch unsere Welt heute ist dafür nicht eingerichtet.

Wofür aber könnten die Räder noch stehen? Für die Mühlen des Alltags, die Routine – und die Zeitqualität der Rauhnächte ist wie geschaffen dafür, aus dem Immergleichen auszubrechen. Es ist die Anderszeit, die aus dem Alltag fällt. Das passiert aber nicht automatisch, erst die eigene Bewusstheit dafür lässt diese Zeit kraftvoll und zu etwas Besonderem werden. Und allein sich klarzumachen, dass es jetzt die Gelegenheit gibt, festgefahrene Routinen zu entdecken, zu hinterfragen und zu stoppen, kann befreiend wirken. Manche bemerken dann vielleicht, dass sie träge geworden sind, andere erkennen ihre Tendenz zu einer gestressten Grundhaltung weit über das Berufliche hinaus.

Spinnräder – Gedankenräder

Früher saßen die Frauen gemeinsam beim Spinnen und »erspannen« dabei auch allerlei Tratsch und Geschichten. Und nun sollen für zwölf Tage und Nächte auch die Spinnräder stillstehen? Das geht uns ja heute nichts mehr an. Oder doch? Vielleicht will es heißen, die Gedankenräder zu stoppen, das »Gespinne im Kopf«. Den unentwegten Daueraustausch mit anderen über Kleinigkeiten einzudämmen. Herausforderungen, Alltagssorgen oder auch schöne Erlebnisse einmal bewusst allein mit sich selbst auszumachen, sie still für sich zu verdauen, das kann ungewohnt, aber am Ende sehr kraftvoll sein. Man wächst bei solchen Gelegenheiten über sich selbst hinaus und entdeckt neue Schätze im eigenen Wesen.

MITTENDRIN STILLHALTEN

Wenn Sie wollen, dass sich in Ihrem Leben weniger Dinge und Gedanken unaufhörlich im Kreis drehen, könnten Sie die Rauhnächte auch dafür nutzen: Nehmen Sie sich für diese zwölf Tage und Nächte vor, mittendrin ab und zu anzuhalten – äußerlich und innerlich. Frieren Sie den Moment ein und beobachten Sie: Wer sind Sie gerade gewesen? Und wer sind Sie jetzt im Moment des Innehaltens?

Das Schicksal wenden

Am Spinnrad sitzen auch die drei Nornen, die gern als Schicksalsgöttinnen bezeichnet werden. Sie sind es, die den Lebensfaden und das Schicksal spinnen, dem Menschen zuteilen und ihn dann auch wieder abschneiden, wenn es mit ihm zu Ende gehen soll. Während der heiligen Nächte sollen nach altem Volksglauben ausgerechnet ihre Spinnräder besonders aktiv sein – jetzt wird am Schicksalsfaden gesponnen. Alle übrigen Räder anzuhalten gibt den Nornen umso mehr Raum. Und es bringt eine Ruhe ins Land, die hoffentlich verhindert, dass sich die ohnehin schon aufgescheucht herumirrenden Geister in den Lebensfäden verheddern und so Unheil für die Betreffenden verursachen. Die Rauhnächte als Vorbereitung für das kommende Jahr, also für die Zukunft, sind eine Zeit, in der man das Blatt wenden kann. Hier eine Auszeit von den Mühlen des Alltags zu nehmen und besonders bewusst zu sein, die Gedankenräder immer wieder mal zu unterbrechen und innezuhalten, auf das Leben zu lauschen – das kann alles Weitere verwandeln. Man weiß wieder klarer, wer man ist und was man will. Und die Nornen können umso schönere Fäden in das Gewebe des Lebens hineinspinnen.

DEN ZUKÜNFTIGEN LIEBSTEN SEHEN

Auch von diesem Brauch erzählt man sich in vielen Regionen: Geht man während der Rauhnächte um Mitternacht an eine Wegkreuzung draußen in der Natur, kann man das Angesicht seines (oder seiner) zukünftigen Liebsten sehen. Was könnte das heißen? Man könnte es so interpretieren, dass es vor allem den Mut anspricht. Denn es erfordert Mut, ins Dunkel zu gehen, ebenso wie es Mut braucht, eine neue Beziehung zu wagen.

Wer also eine neue Liebe oder eine andere Form neuen Glücks in seinem Leben ersehnt, sollte aktiv werden. Natürlich nicht unbedingt genau in dieser Weise nachts draußen in Wald oder Flur. Aber er muss wohl oder übel die Komfortzone des Üblichen verlassen. Sich nachts hinauszubegeben, noch dazu in dieser spukigen Zeit – andere Regeln raten dringend davon ab –, dafür muss man sich wirklich erst ein Herz fassen.

Die Wegkreuzung steht auch für anstehende Fragen und Entscheidungen – was für einen Partner man möchte, in welche Richtung das eigene Leben weitergehen soll, was man dafür vielleicht auch zurücklassen muss.

DIE ZEIT, IN DER DIE TIERE SPRECHEN

Ein alter Volksglaube besagt, dass man während der heiligen Nächte die Tiere sprechen hören kann. Letztlich zeigt er die große Sehnsucht der Menschen, sich wieder als Teil der Natur, als Teil des großen Ganzen zu erleben.

Vielleicht will uns diese alte Weisheit sagen, dass die Rauhnächte generell eine Zeit des Lauschens auf die Kräfte der Natur sind, deren Weisheit die Antwort auf unzählige Fragen enthält. Man müsste sie nur verstehen – doch wenn wir wirklich zuhören, dann geht dieser uralte Wunsch in Erfüllung.

Aber auch einander könnte man besser zuhören, statt nur die eigene Meinung an den Mann oder die Frau bringen zu wollen. Auch der Mensch ist ja letztlich Natur. In vielen Fragen käme man ein gutes Stück voran, würde man der Natur im Gegenüber lauschen.

Und was erfährt eigentlich jemand, der uns lauscht? Wie ist unser Umgang mit Sprache? Was sagen unsere Gesten, unsere Erscheinung? Was unsere Kleidung, unser Auftreten? Welche Natur bringen wir nach außen?

ORDNUNG SCHAFFEN

Das klingt vielleicht zunächst nicht reizvoll. Doch es hat seinen tieferen Sinn. Geht etwas Altes zu Ende, wird automatisch meist erst einmal Ordnung gemacht. Ist die Party vorbei, wird die Küche aufgeräumt. Ist ein großes Projekt abgeschlossen, wird auf dem Schreibtisch neu sortiert. Ist eine Beziehung – auf welche Weise auch immer – auseinandergegangen, gibt es oft eine Zeit der Trauer, und irgendwann wird entrümpelt, umgeräumt oder gar renoviert, damit Platz für einen neuen Lebensabschnitt entsteht.

Unsere Ahnen kannten diesen Zug im Menschen auch, sie empfahlen, insbesondere während der Zeit zwischen den Jahren Ordnung zu machen und alles Unerledigte abzuschließen. Erst dann lässt sich nämlich unbeschwert etwas wirklich Neues beginnen. Dazu kam sicher die Überlegung, dass sich in einem unordentlichen Haus die umherjagenden Geister viel leichter verfangen oder verstecken können. Zudem kann Frau Holle, die jetzt auf der Erde umherzieht, zornig werden, wenn sie unaufgeräumte Wohnungen sieht. Ordentliche Menschen hingegen kann sie durchaus reich beschenken.

Dieser Brauch des Ordnungmachens kann also wörtlich genommen werden. Und er bringt klare Fragen auf den Plan: Wo sollte entrümpelt werden, in der Wohnung, im Kopf, im Herzen? Welche Rechnungen sind noch offen, finanzielle oder auch emotionale? Wo sollte man noch einen Schritt auf jemanden zu machen, damit ein Konflikt beendet wird? Wo hat man noch ein Hühnchen zu rupfen, und wo sollte man endlich verzeihen? Jetzt ist die beste Gelegenheit, Tabula rasa zu machen – und den neuen Freiraum dann genüsslich mit dem zu füllen, was sich jetzt richtig anfühlt oder einfach an der Reihe ist.

DIE PERCHTEN

Zur Zeit des Dunkels, der Wilden Jagd, der umhergeisternden Untoten, gehören immer auch die Gegenkräfte: die Kräfte des Lichts, die Vertreiber des Bösen. Vor allem im Alpenraum, so hatten wir gesehen, ist es die Aufgabe einiger Perchten, sich mit dem Dunkel anzulegen. Junge Burschen verbergen sich dazu unter den Masken der Perchten, die das Böse und die Kälte des Winters vertreiben sollen.

Heute haben viele Menschen so ihre Probleme mit der zornigen Selbstbehauptung, mit dem inneren Krieger, der Percht in sich selbst. Mal entschieden einen Störenfried in die Schranken weisen, für sich selbst einstehen, entschlossen einen Kampf wagen – das kommt manchen unedel, unerleuchtet, wenig souverän vor. Zurück bleiben aber meist eine lähmende Wut und nagender Groll. Wir wäre es, die Rauhnächte zu nutzen, um sich mit der kämpferischen Natur in sich selbst ein wenig anzufreunden? Die Perchten sind da sicher gern dabei.

DIE MASKE VERTREIBT DAS DUNKEL

Vielleicht haben Sie Lust, mal wie eine Percht zu tanzen und zu rasseln, ordentlich Krach zu machen, um die »bösen Geister« zu vertreiben. Dabei könnten Sie sich auch vorstellen, einiges Unschöne aus Ihrem Körper, Ihrem Umfeld, Ihrem Leben zu verjagen. Was klingt dabei in Ihnen an? Was taucht auf, wenn Sie jetzt die Möglichkeit haben, bestimmte Schatten zu lösen und ins Licht zu heben?

Tanzen Sie wild wie die traditionellen Perchten, trommeln Sie, rasseln Sie, eventuell von einer passenden Musik von CD unterstützt. Vertreiben Sie mit allerlei Getöse die Schatten aus Ihrem Leben. Sie können – und sollten – dabei wie die jungen Burschen unter ihren Larven auch Spaß haben.

Räuchern Sie zum Abschluss sich selbst und den Raum.

DIE BÖLLEREI ZUM JAHRESWECHSEL

Dieser Brauch – heute mit deutlich größerer technischer Raffinesse ausgeführt als früher – kann unverändert dazu dienen, das Böse, Dunkle, Kalte zu erschrecken und zu vertreiben. Wer Lärm macht, behauptet sich und seinen Platz. Das Unangenehme wird mit dem Unangenehmen – einem Höllenlärm und Höllengestank – in die Flucht geschlagen.

ZWEI RAKETEN IN DEN KOSMOS HINAUSSCHICKEN

Es ist kein großartiges Geböller, aber Sie könnten Silvester mit diesem kleinen Ritual verbinden:

Eine Rakete steht für das Alte in Ihrem Leben, das Sie nicht mehr wollen, das nicht mehr zu Ihnen passt. Denken Sie es sich, möglicherweise in klaren Begriffen wie »meine Ungeduld« oder »mein Hang zur Sentimentalität«. Wenn Sie es nicht genau benennen können, suchen Sie nach dem Gefühl. Hängen Sie das Alte, Unerwünschte dann symbolisch an die Rakete. Während sie in den Himmel steigt, sind Sie sich bewusst, dass bestimmte Dinge bald der Vergangenheit angehören werden. Lassen Sie sie auch innerlich los.

Die zweite Rakete bestücken Sie mit einem Wunsch für das kommende Jahr, bevor Sie sie ins All hinausschießen.

WAS WÄRE DIE WELT OHNE BRÄUCHE?

Diese Frage ist nicht als Seufzer gemeint, mit dem der »guten alten Zeit« nachgeweint werden soll. Nein, sie ist tatsächlich als Frage gemeint. Was wären wir ohne Bräuche, Gepflogenheiten, Althergebrachtes? Ohne sich gleichsam rituell Wiederholendes, das auch Geister und Wesen »anderer Welten« und insbesondere das große Ganze einbezieht?

Wir könnten es als Gegenpol zu unserer durch und durch rational gewordenen Welt betrachten, als gesunden Ausgleich, der uns in unserem Denken und Fühlen, Handeln und Sein bereichert: Vielleicht begreifen wir dann leichter, dass keine Wachstumsphase unendlich währt, dass Geben und Teilen mindestens ebenso schön sein können wie Besitzen, dass ein Mensch unfassbar viel mehr ist als die Leistung, die er in welcher Hinsicht auch immer erbringt.

Unsere heutige, vielleicht tatsächlich ziemlich verrückte Zeit bietet uns eine wunderbare Möglichkeit: Wir können so sehr wie wohl nie zuvor in der Geschichte unsere Individualität finden und leben. Und so haben wir heute auch die Chance, aus einer Vielzahl in der Vergangenheit ersonnener Bräuche und Riten das herauszusuchen, was zu uns passt und uns wirklich weiterhilft. Wir können all diese Schätze kennenlernen, prüfen, neu kombinieren und mit selbst Erdachtem verbinden. Wir haben die Möglichkeit und damit verbunden auch die Verantwortung, für uns selbst immer wieder neu herauszufinden, wie wir mit diesen Reichtümern umgehen, einfach deshalb, weil es nichts und niemanden mehr gibt, der uns verbindlich sagen kann, was richtig und was falsch ist. Eine Zeit wie die Rauhnächte mit ihren alten Bräuchen und der Freiheit, sie neu zu deuten, kann da wie gerufen kommen: Sie kann uns helfen, Altes und Neues zu verbinden, sich zeitgemäße Lebensmodelle zu schaffen und zum ureigenen Wesen zu finden.

Wir Menschen sind so individuell und unterschiedlich wie Schneeflocken oder Eiskristalle. Wie kleine Sterne erfreuen sie unsere Herzen, und bei genauerer Betrachtung sieht keiner von ihnen genauso aus wie ein anderer. Immer gibt es eine Nuance, die kein anderer ebenfalls aufweist. Genauso gleicht niemand von uns in Aussehen, Wesen, Charakter und Erfahrungen komplett einem anderen. Bekanntermaßen nicht einmal ein Zwilling seinem eineiigen Geschwister. Wir könnten es also als unsere herrlichste und schönste Aufgabe hier auf Erden betrachten, unseren Stern zum Leuchten zu bringen – zur Freude von uns selbst und allen anderen.

TAG FÜR TAG, NACHT FÜR NACHT

DIE HEILIGEN NÄCHTE FEIERN

Dieses praktische Kapitel enthält eine ganze Menge an Ideen, Inspirationen und Ritualen. All diese Anregungen wollen Sie unterstützen, die Rauhnächte zu etwas Besonderem in Ihrem Jahr werden zu lassen. Diese Zeit bietet eine schöne Gelegenheit, sich zu fragen, was man eigentlich will. Und so wollen auch wir Ihnen hier ab und zu ein paar Fragen anbieten, die Sie in sich bewegen könnten, wenn Sie das möchten.

Wie auch immer Sie mit dieser Zeit umgehen wollen, ein paar Elemente sind zentral, und die sollen auch in diesem praktischen Kapitel im Zentrum stehen. Sie entscheiden, welche davon Sie wie nutzen möchten. Es sind schließlich »Ihre« Rauhnächte. Dazu gehören könnten diese Bereiche: Genuss und Muße, Zeit für die Familie, Rückbesinnung auf sich selbst, Räuchern, Orakeln, das Einladen von geistigen Helfern, das Erspüren dessen, was im eigenen Leben jetzt und in den kommenden zwölf Monaten Thema sein könnte.

RAUHNÄCHTE – RAUCHNÄCHTE

Das Räuchern gehört ganz unbedingt zu den Rauhnächten und hat ihnen sogar – zumindest nach einer Deutung – zum Namen verholfen. In der dunklen Zeit hilft es ganz maßgeblich, sich selbst, die Wohnung, das Haus vor umherziehenden bösen Geistern zu schützen – im wörtlichen oder im übertragenen Sinn. Wenn Sie zu Hause räuchern, können Sie das genau mit diesem Ziel tun, sich und Ihr Umfeld von negativen Kräften, aber auch von allerlei Altem, nicht mehr Passendem zu befreien. Es ist mehr als ein symbolischer Akt, der – mit dem entsprechenden Bewusstsein ausgeführt – spürbare Erleichterung und innere Weite hervorrufen kann.

RÄUCHERN – GANZ ALLGEMEIN

Wer zum ersten Mal räuchert – es ist ganz einfach: Zu dicken »Zigarren« gewundenes Räucherwerk wie den Weißen Salbei brauchen Sie nur zu entzünden, dann pusten Sie die Flamme aus und blasen gelegentlich auf die Glut – schon verbreitet sich der duftende Rauch. Verteilen Sie ihn (beispielsweise mit einer Feder) in Ihrer Aura und im Raum um Sie her. Wenn Sie damit durch die Wohnung gehen, sollten Sie ein Gefäß, vielleicht eine Muschel, unter das Kraut halten.

Andere Räucherstoffe wie Harze oder feinere Kräuter werden auf eine zuvor zum Glühen gebrachte Kohle gestreut. Gefäße dafür und auch spezielle Kohle gibt es in Fachgeschäften. Besonders einfach ist das Räuchern natürlich mit einem Räucherstäbchen oder -kegel. Steigt der Rauch auf, kann man beispielsweise sagen, dass er den Raum reinigen und schützen solle.

Rauch als Speise der Götter

Der Rauch, insbesondere der von edlen Harzen oder Kräutern, duftet meist sehr angenehm. Und damit eignet er sich auch als Opfergabe für wohlmeinende Wesen der geistigen Welten, denen Sie danken und die Sie vermehrt in Ihr Leben einladen wollen (siehe auch Seite 74f.). Ihnen können Sie den Rauch bewusst weihen, einfach indem Sie es aussprechen: »Ich weihe diesen Rauch dem- oder derjenigen aus Dankbarkeit für die Unterstützung …«. Nicht umsonst galt geweihter Rauch vielerorts als Nahrung für die Götter.

Räuchern für die eigene Bewusstheit

Wie so viele rituelle Handlungen ist auch das Räuchern keine mechanisch ablaufende Aktivität. Vielmehr ist die Haltung, mit der es ausgeführt wird, das Wesentliche. Zugleich aber ist es eine Tätigkeit, die schon von sich aus dazu beiträgt, dass wir fokussierter, ruhiger, zentrierter werden. Sich diese Qualitäten dabei bewusst zu machen, kann sie noch verstärken. Und dann ist auch die über die Räucherstoffe selbst vermittelte Wirkung ungleich stärker.

Übrigens kann man mit dem Räuchern alle vier Elemente in ein Ritual mit einbeziehen:

- Räucherwerk – Erde
- Rauch – Luft
- Feuer – Feuer
- Muschel als Basisgefäß – Wasser

Die jetzt gut passenden Räucherwerke und ihre Wirkung

- **Weißer Salbei:** Reinigung und Schutz
- **Wacholder:** zum Schutz gegen Hexen und böse Geister
- **Weihrauch und Myrrhe:** als Symbole des wiedergeborenen Lichts
- **Koriander:** zur Reinigung und Entspannung, balanciert die inneren Kräfte aus
- **Harz der Kiefer:** für neue Energie und gute Stimmung, Schutz vor negativen Kräften
- **Styrax:** ebenfalls zur Reinigung und als Opferrauch, zudem stimmungsaufhellend
- **Zeder:** erleichtert die Öffnung für himmlische Sphären
- **Beifuß:** ermutigend und kräftigend, auch zur Reinigung

DIE UNERMESSLICHE WELT DER ORAKEL

Die Rauhnächte werden auch Lostage genannt – und mit Los ist nicht das Lotterielos gemeint, das uns einen Gewinn oder meist eine Niete beschert, auch wenn sein Name noch auf den eigentlichen Ursprung hinweist. Es geht nicht um Entweder-oder, um Gewinn oder Verlust, Ja oder Nein. Es geht um feinere Nuancen einer Zeitqualität. So sagt man im alpenländischen Raum vielerorts auch »zulosen«, wenn »zuhören« gemeint ist – das Wahrnehmen einer Aussage oder einer Botschaft, sei sie von einem menschlichen Gegenüber oder auch von der Natur oder einem Vertreter der geistigen Welt.

Früher gaben die Lostage, zu denen insbesondere die Weihnachtszeit, im weiteren Sinn aber die gesamten Rauhnächte zählten, vor allem Auskunft über Wetterverhältnisse. Denn die Bauern mussten einfach wissen, was die nähere Zukunft bringen würde, um Arbeitsabläufe und Bevorratung sinnvoll planen zu können. Auch Siebenschläfer beispielsweise ist solch ein Lostag. Einerseits haben jahrhundertelange Beobachtungen an solchen Tagen Tendenzen aufgezeigt, nach denen man sich richten konnte. Zum anderen waren dem Volksglauben dabei immer auch die eher mystischen, durch Geister vermittelten Qualitäten dieser herausragenden Tage wichtig.

Der Kanal nach »oben« ist offen

Vor allem die heiligen Nächte gelten seit alters als günstig für Befragungen zur Zukunft. Wenn sich die Tore zur Anderswelt öffnen, treibt es nicht nur die Wilde Jagd und andere wilde Gesellen hinaus und unters Menschenvolk (siehe Seite 14ff.). Auch all die Kräfte, die uns wohlwollend und zuweilen sanft und liebevoll unterstützen, zeigen sich uns leichter, wenn wir uns um den Kontakt bemühen. So verwundert es nicht, dass die Rauhnächte heutzutage von sehr vielen Menschen als ideale Zeit angesehen werden, sich über wesentliche Fragen des Lebens per Orakel Klarheit zu verschaffen und nicht zuletzt einen ersten kleinen Blick auf Zukünftiges zu erhaschen.

Beim Orakeln geht es natürlich nicht darum, die Zukunft als festgelegtes Schicksal bereits im Voraus kennenzulernen. Vielmehr kann es eine Mischung aus Freude und auch Dankbarkeit auslösen, wenn man bestimmte Tendenzen, anstehende Themen und Lernaufgaben erspürt und sich somit bereits darauf vorbereiten kann. Orakel helfen auch, die eigenen Absichten und Wünsche zu klären. Sie sind in diesem Sinn wie gute Freunde, die für ein Gespräch zur Verfügung stehen. Zudem bringen sie die höhere Ebene dessen mit hinein, was gern als Zufall abgetan wird. Ganzheitlich schließen sie Körper, Geist und Seele, diese Welt und die Anderswelt mit ein. Man könnte sie auch als die Sprache unseres Höheren Selbst bezeichnen. Sie erweitern unsere notwendigerweise beschränkte Sicht auf die Dinge um eine höhere Dimension.

Die Botschaft entschlüsseln

Wer bereits orakelt hat, weiß, dass man die Antworten mit dem Verstand oftmals gar nicht gleich versteht, aber dennoch fühlt, dass sich etwas zu wandeln beginnt, dass etwas Wesentliches doch irgendwie begriffen wurde. Dem kann man vertrauen. Dann kann man in Deutungsbüchern nachschlagen, es aber auch lassen und die Bedeutung rein intuitiv erfassen. Wir bestehen ja nicht nur aus der Ebene unseres Denkens, auch wenn sich das im Alltag manchmal so darstellt. Wir sind viel mehr als das, was wir denken, mehr als das, was da immerzu Gedanken produziert. Und auch dafür sind die Rauhnächte ideal: Sie verbinden uns wieder mit den vielen anderen Ebenen unseres Seins.

KLASSISCHES ORAKELN WÄHREND DER RAUHNÄCHTE

Typischerweise orakelt man während der heiligen Nächte jeden Tag. Man fragt, was der heutige Tag und damit auch der entsprechende Monat im kommenden Jahr für ein Thema bereithalten. So könnte man am 25. Dezember das Orakel der Wahl fragen: »Worum geht es heute und im nächsten Januar für mich?« Und man könnte eine zweite Befragung anschließen: »Was wird mir helfen, dieses Thema erfolgreich zu durchleben?«

Außerdem bietet es sich an, einmal bezüglich des gesamten Jahres zu fragen, das vor einem liegt. Vielleicht am 6. Januar, wenn die Rauhnächte enden und das Neue beginnt. Aber Sie können die Frage zum Jahresthema auch zu Beginn der Rauhnächte stellen und die Antwort dann bereits während der stilleren Tage in sich bewegen.

Die vielen Kartenorakel

Welches Orakel passt zu wem? Die Auswahl ist schier unendlich, allein schon die an Kartensets. Die meisten nutzen das bewährte Tarot, um während der Rauhnächte die Tendenz der kommenden Monate zu erfragen. Viele nehmen dann allein die Großen Arkana, so erhalten sie ausschließlich Archetypen, für jeden Monat einen und vielleicht noch einen für das Jahr als Ganzes.

Welches Tarotset, welches Kartenset überhaupt sollte man wählen? Es gibt Engelkarten, Krafttierkarten, klassisches Tarot in unzähligen Gestaltungsformen, Märchenkarten und so weiter. Auch selbst gefertigte Karten sind denkbar. Suchen Sie sich aus den vielen, vielen Möglichkeiten das aus, was Sie anspricht, was Ihnen einfach gefällt. Und bleiben Sie dann am besten eine Weile dabei. Denn je besser Sie die Motive und die Energie des Spiels kennen, umso präziser sind sicherlich Ihre Deutungen.

Bereit für einen inneren Wandel?

Eine ganz eigene Form eines Orakels könnte auch diese sein, mit der Sie die schönsten Qualitäten und Potenziale in sich entwickeln können. Sie nutzen ein Kartenset, das positive Sätze, sogenannte Affirmationen, enthält, wie es beispielsweise bei einigen Engelkarten der Fall ist. Dann legen Sie fest, ob Sie sich während der Rauhnächte mit einer dieser kraftvollen Aussagen, vielleicht aber auch mit dreien beschäftigen wollen.

✻ DIE AFFIRMATIONEN WIRKEN LASSEN ✻

Nun beginnt die Befragung, irgendwann im Vorfeld der Rauhnächte. Breiten Sie Ihre Karten vor sich aus und fragen Sie: Welche Qualitäten kann ich jetzt entwickeln? Oder: Was in mir möchte jetzt zur Entfaltung gebracht werden? Dann ziehen Sie die entsprechende Anzahl der Karten und notieren die Affirmationen. Und am besten spüren Sie gleich nach, wie sich diese Sätze für Sie anfühlen. Kommt da Freude auf? Erste Ideen? Vielleicht auch ein bisschen Scheu?

Während der Rauhnächte steigen Sie dann tiefer ein. Es hat sich als nicht besonders zielführend erwiesen, solche Affirmationen einfach Dutzende Male vor sich herzusagen. Wie aber wäre es damit: An allen zwölf Tagen nehmen Sie sich diese Sätze vor und spüren nach, was in Ihnen passiert. Wenn Widerstand da ist, gehen Sie den Aussagen oder Gefühlen nach, die da in Ihnen schlummern. »So einfach geht das doch nicht!« oder »Die Welt ist nun mal nicht so!« Solche und viele andere Sätze könnten Sie in sich finden. Spüren Sie sie auf, nehmen Sie sie möglichst frei von Bewertungen wahr und tauchen Sie für ein paar Momente in die dahinter liegende Empfindung.

Dann prüfen Sie, welche positiven Gefühle die Sätze in Ihnen auslösen: Vorfreude? Begeisterung? Ein großes »Oh ja!« oder verlockende Ideen, die Sie umsetzen wollen? Spüren Sie auch das, geben Sie ihm innerlich Raum, damit es wachsen kann. Lassen Sie sich überraschen, welchen Wandel die Sätze über den Zeitraum zwischen den Jahren in Ihnen auslösen werden, wenn Sie sich täglich ein paar Minuten damit befassen.

Bleigießen

Dies darf natürlich nicht fehlen, wenn vom Orakeln während der Rauhnächte die Rede ist. Heute ist das Bleigießen ein beliebter und erstaunlich weit verbreiteter Silvesterspaß. Aus den Formen, die das flüssige und im Wasser sofort wieder erstarrende Blei annimmt, liest man die Tendenz für das kommende Jahr heraus.

Älter ist wohl das Vorgehen, nicht aus dem Bleigebilde selbst, sondern aus dem Schatten, den es an die Wand wirft, das herauszulesen, was die Zukunft bringen mag. Man kann hier bei dem bleiben, was man selbst assoziiert – möglichst auf den ersten Blick, bevor sich das Denken eingeschaltet hat. Oder man tauscht sich in fröhlicher Runde darüber aus, übertrifft sich gegenseitig in wilden Deutungen und wird dabei nicht selten mit Aussagen beschenkt, auf die man selbst nie gekommen wäre, die sich aber durchaus stimmig anfühlen.

Runen und I Ging

Sehr kraftvoll sind diese beiden uralten Orakel, einmal aus der altgermanischen Tradition, einmal aus der altchinesischen. Damit arbeiten während der Rauhnächte sicherlich nur Menschen, die sich bereits damit auskennen. Oder aber jemand nutzt diese geruhsamere Zeit, sie für sich zu erschließen oder neu zu erkunden. Mithilfe der vielfältigen Deutungsbücher (beim I Ging sind die Texte ohnehin erforderlich) kann das sehr lohnend werden.

Viele weitere Möglichkeiten

Sie können im Kaffeesatz lesen, wenn Sie das möchten. Sie können die momentane Stimmung tanzen und so Ihren Körper befragen, welche Tendenzen er für den jeweiligen Tag und damit auch für den dazugehörigen Monat empfindet. Zeigt er ein kraftvolles Stampfen oder eher ein zartes Fließen, einen rauhen, wilden Kampf oder ein vorsichtiges Tasten? Sie können in die Natur hinausgehen und das, was Ihnen dort begegnet, als Omen für Ihre Frage auswerten. Ähnlich ist auch der morgendliche Blick hinaus (siehe Übung Seite 105).

Im alten Volksglauben ranken sich viele Orakel darum, den oder die zukünftige(n) Liebste(n) zu finden. So gibt es zu Silvester Spiele mit Nussschalen, in die man Wachslichter setzt. Sie werden dann paarweise – eine für den Betreffenden selbst, die andere für eine angebetete Person – in einer Wanne zu Wasser gelassen. Stoßen sie schwimmend aneinander, wird sich das Paar im kommenden Jahr finden.

Es gibt unzählige Möglichkeiten, sich über ein Bild im Außen mit der tieferen Wahrheit zu verbinden, die in Ihnen schlummert. Welches Orakel zu Ihnen passt, entscheiden Sie am besten intuitiv.

DIE MÜNZE BRINGT GLÜCK

Eine spielerische Möglichkeit ist auch die folgende: Backen Sie für Ihre Lieben ein Brot oder einen Kuchen und verstecken Sie eine Münze darin. Wer sie am Tisch dann in seinem Stück findet, wird im kommenden Jahr das meiste Glück haben. Früher hat er dann mit Kreide Kreuze zum Schutz vor dem Bösen an die Dielen und Balken gemalt.

Die Zukunft ist offen – oder doch nicht?

Orakel sagen nicht: Dies und das wird unweigerlich geschehen. Verwechseln Sie deren Aussagen, die Sie ja ohnehin erst deuten müssen, nicht mit fixen Prognosen, an die Sie sich jetzt zu halten haben. »Die Karten sagen …, deshalb muss ich jetzt …« – das ist nicht der Sinn der Sache. Denn wie Ihr Leben verläuft, hängt wesentlich davon ab, was Sie tun, wie Sie entscheiden, wie Sie für sich sorgen. Nehmen Sie ein Orakel als einen Spiegel, in den Sie schauen und der Ihnen Ihren momentanen Gesichtsausdruck zeigt. Oder als den erwähnten guten Freund, der Sie berät, die Entscheidung aber Ihnen überlässt. Auf jeden Fall schärft er Ihre Sinne und hilft Ihnen, sich tiefer mit sich selbst zu befassen. Und das könnte bereits das Wertvollste daran sein.

HELFER UND BEGLEITER EINLADEN

Ratgeber einer etwas anderen Art sind die vielen Begleiter aus anderen, nichtalltäglichen Sphären, die uns in unserem Leben zur Seite stehen – wenn wir uns denn aktiv aufmachen, sie zu bemerken. Die Rauhnächte als Zeit der weit offenen Kanäle sind ideal, den Kontakt zu diesen Wesen zu verstärken. Entscheiden Sie zuerst, ob Sie Krafttiere, Engel, Feen oder auch Baumenergien oder anderes zu sich einladen wollen. Wenn Sie das wissen, öffnen Sie sich dafür, welches Krafttier, welcher Engel und so weiter sich zeigen will. Ein Schwan hat natürlich eine andere Energie als ein Wildschwein, eine Eiche wirkt anders als ein Hollerbusch. Die Besonderheiten des Wesens, das bei Ihnen auftaucht, können Ihnen schon eine Menge Anregungen geben.

Genauso können Sie sich aber auch mit stärkenden Anteilen des eigenen Wesens näher bekannt machen, wie der »inneren Heilerin«, dem »inneren Magier«, dem »inneren Superhelden« oder der »inneren Geliebten«.

Ein Begleiter für zwölf Tage und Nächte

Vielleicht wollen Sie um ein Helferwesen bitten, das Sie die ganze Zeit über begleitet. Sie könnten dann zu Beginn der Rauhnächte in einem Anfangsritual den Kontakt herstellen und auf Ihre Weise fragen, wer Ihnen zur Seite stehen will: über eine schamanische Reise, ein Kartenset, im tiefen Hineinspüren in Ihr Inneres oder auch auf einem Spaziergang draußen in der Natur. Selbst ein Baum vorm Fenster kann

Ihnen in dem Moment ins Auge fallen, in dem Sie nach diesem Begleiter suchen. Nehmen Sie einfach wahr, wer und was sich zeigen will.

Monatshelfer

Bewährt hat sich vor allem auch, an jedem Tag der Rauhnächte einen Begleiter zu sich zu bitten, der an diesem Tag und im dazugehörigen Monat Beistand, Rat und Hilfe gibt. So kann man sich einen ganzen Trupp von Helfern für das kommende Jahr zusammenstellen, an die man dann zwischendurch denken kann. In einer schwierigen Situation während des Jahres kann man sich über die speziellen Eigenschaften des Monatshelfers Gedanken machen, diesen Verbündeten in seiner Kraft bei sich spüren, man kann sich mit ihm zusammensetzen, beispielsweise im Sinne einer kleinen persönlichen Fragestunde (mehr über den Umgang mit geistigen Helfern und Krafttieren finden Sie im Buch »Schamanische Bewusstseinsreisen« von Vera Griebert-Schröder).

DIE KRAFT DER RITUALE

Räuchern, Orakeln, Krafttierarbeit, all das sind bereits Rituale. Es kann auch ein Ritual sein, sich abends für fünf Minuten vor ein Kerzenlicht zu setzen, den Tag noch einmal vor dem inneren Auge vorbeiziehen zu lassen und damit abzuschließen. Was zu Silvester bei den meisten um Mitternacht passiert, ist ein Ritual, ebenso die immer gleichen Abläufe am Heiligen Abend in den Familien. Und dann gibt es noch die großen magischen Rituale, bei denen machtvolle geistige Wesen oder auch die Ahnen hinzugebeten werden und man mit ihrer Unterstützung bestimmte Wandlungen, die auch in die alltägliche Wirklichkeit hineinreichen, vollzieht: Genesung, Trennung von etwas Schädlichem, Verbindung von etwas, das zusammengehören will, Veränderungen ganz allgemein.

Rituale sind seit Menschengedenken kraftvolle, genau festgelegte Handlungen unter Einbezug höherer Kräfte als der rein menschlichen – das können beispielsweise auch moralische oder ethische Werte sein. Die Handlungen haben Symbolcharakter, der eine weitaus größere Bedeutung trägt, als Außenstehende erkennen können. So wie Brot und Wein in der Messe für Leib und Blut Christi stehen und das Überreichen der Hostie nichts mit einer bloßen Lebensmittelgabe zu tun hat. Es steht ungleich mehr dahinter – und durch das bewusste Erleben derer, die sich auf die überhöhte Bedeutung geeinigt haben, kann es in der Tat auch Unglaubliches bewirken. Das beweisen viele Wunder, von denen nicht nur die Kirche zu berichten weiß.

BEWUSST UND OFFEN – SO BEKOMMT DAS HANDELN KRAFT

Sie werden im Folgenden viele weitere praktische Anregungen erhalten. Für sie alle gilt: Je klarer und fokussierter Sie bei der Sache sind, umso hilfreicher ist das jeweilige Tun. Die Energie folgt der Aufmerksamkeit. So kann ein winziges Zwei-Minuten-Ritual in voller Konzentration mehr bewirken als eine pompöse, mehrstündige Aktion, die mit einem zerstreuten Geist und halbherzig vollendet wird.

Das rituelle Treiben der Perchten

Das bekannteste Rauhnächteritual ist sicherlich die Vertreibung des Bösen durch die Perchten. Vor allem am 6. Januar ziehen sich dafür die jungen Männer zottelige Fellkleidung und schaurige Larven (Masken) über und toben mit viel Getöse durch Höfe und Ställe. Es ist eine Tradition, die das Dunkel akzeptiert, ihm seinen Platz lässt, es aber zugleich auch in Schach hält.

So kann man es im übertragenen Sinn auch für sich selbst sehen: Ich weiß um meine Schatten, akzeptiere meine dunklen Seiten, gebe ihnen aber im Leben nicht die Möglichkeit, über mich, mein Handeln und meine Beziehungen zu bestimmen. Ich kann mich so akzeptieren, wie ich bin – zumindest kann ich mich immer wieder neu darum bemühen. Alle Qualitäten haben ihren Platz.

Pfeffernüsse und Brummeisen

Der König von Makronien, der sich schon seit einiger Zeit gerade in seinen besten Jahren befand, war eben aufgestanden und saß unangezogen auf dem Stuhl neben dem Bett. Vor ihm stand sein Hausminister und hielt ihm die Strümpfe hin, von denen der eine ein großes Loch an der Ferse hatte.

Aber obwohl er den Strumpf mit großer Sorgfalt so gedreht hatte, dass der König das Loch nicht merken sollte, und obschon der König sonst mehr auf hübsche Stiefel als auf ganze Strümpfe zu achten pflegte, war das Loch dem königlichen Scharfblicke diesmal doch nicht entgangen.

Entsetzt nahm er dem Minister den Strumpf aus der Hand, fuhr mit dem Zeigefinger durch das Loch, sodass er bis zum Knöchel herausguckte, und sagte dann seufzend:

»Was hilft mir's, dass ich König bin, wenn ich keine Königin habe! Was meinst du, wenn ich mir eine Frau nähme?«

»Majestät«, antwortete der Minister, »das ist ein sublimer Gedanke; ein Gedanke, der gewiss auch mir ganz untertänigst aufgestiegen wäre, wenn ich nicht gefühlt hätte, dass ihn Eure Majestät jedenfalls heute selbst noch zu äußern geruhen würden!«

»Schön!«, erwiderte der König, »aber glaubst du, dass ich so leicht eine Frau finden werde, die für mich passt?«

»Pah!«, sagte der Minister. »Zehn für eine!«

»Vergiss nicht, dass ich große Ansprüche mache. Wenn mir eine Prinzessin gefallen soll, muss sie klug und schön sein! Und dann ist noch ein Punkt, auf den ich ganz besonderes Gewicht lege: Du weißt, wie gern ich Pfeffernüsse esse. In meinem ganzen Reiche ist kein einziger Mensch, der sie zu backen versteht, wenigstens richtig zu backen, nicht zu hart und nicht zu weich, sondern gerade knusprig. Sie muss durchaus Pfeffernüsse backen können!«

Als der Minister dies hörte, bekam er einen heftigen Schreck. Doch sammelte er sich rasch wieder und entgegnete: »Ein König wie Eure Majestät werden ohne Zweifel auch eine Prinzessin finden, die Pfeffernüsse zu backen versteht.«

»Nun, dann wollen wir uns zusammen umsehen!«, versetzte der König; und noch an demselben Tage begann er in Begleitung des Ministers die Rundreise zu denjenigen seiner verschiedenen Nachbarn, von denen er wusste, dass sie Prinzessinnen zu vergeben hatten. Aber es fanden sich nur drei Prinzessinnen, die gleichzeitig so schön und klug waren, dass sie dem König gefielen, und von diesen konnte keine Pfeffernüsse backen.

»Pfeffernüsse kann ich freilich nicht backen«, sagte die erste Prinzessin, als der König sie danach fragte, »aber hübsche kleine Mandelkuchen. Bist du damit nicht zufrieden?« – »Nein!«, erwiderte der König, »es müssen partout Pfeffernüsse sein!«

Die zweite Prinzessin, als er die nämliche Frage an sie richtete, schnalzte mit der Zunge und sagte ärgerlich: »Lasst mich mit Euren Albernheiten zufrieden! Prinzessinnen, welche Pfeffernüsse backen können, gibt es nicht.«

Am schlimmsten aber ging es dem König bei der dritten, obwohl sie die schönste und klügste war. Denn sie ließ ihn gar nicht bis zu seiner Frage kommen, sondern ehe er sie noch hatte tun können, fragte sie selbst, ob er auch wohl das Brummeisen zu spielen verstünde. Und als er dies verneinte, gab sie ihm einen Korb und meinte, es tue ihr herzlich leid. Er gefalle ihr sonst ganz gut; aber sie höre das Brummeisen für ihr Leben gern und habe sich vorgenommen, keinen Mann zu nehmen, der es nicht spielen könne.

Da fuhr der König mit dem Minister wieder nach Haus, und als er aus dem Wagen stieg, sagte er recht niedergeschlagen: »Das wäre also nichts gewesen!«

Aber ein König muss durchaus eine Königin haben, und nach längerer Zeit ließ er daher den Minister noch einmal zu sich kommen und eröffnete ihm, er habe es aufgegeben, eine Frau zu finden, die Pfeffernüsse backen könne, und beschlossen, die Prinzessin zu heiraten, welche sie damals zuerst besucht hätten. »Es ist die, welche die kleinen Mandelkuchen zu backen versteht«, fügte er hinzu. »Gehe hin und frage, ob sie meine Frau werden will.«

Am nächsten Tag kam der Minister zurück und erzählte, dass die Prinzessin nicht mehr zu haben sei. Sie hätte den König aus dem Lande, wo die Kapern wachsen, geheiratet.

»Nun, dann gehe zur zweiten Prinzessin!« Allein der Minister kam auch dieses Mal wieder unverrichteter Dinge nach Hause: Der alte König habe gesagt, er bedaure unendlich, aber seine Tochter sei leider gestorben, und so könne er sie ihm nicht geben.

Da besann sich der König lange; weil er aber durchaus eine Königin haben wollte, so befahl er dem Minister, er solle doch auch noch einmal zur dritten Prinzessin gehen, vielleicht habe sie sich inzwischen anders besonnen.

Und der Minister musste gehorchen, obgleich er sehr wenig Lust verspürte und obschon ihm auch seine Frau sagte, dass es gewiss recht unnütz wäre. Der König aber wartete ängstlich auf seine Rückkunft. Denn er gedachte der Frage wegen des Brummeisens, und die Erinnerung daran war ihm ärgerlich.

Die dritte Prinzessin jedoch empfing den Minister sehr freundlich und sagte zu ihm, eigentlich hätte sie sich ganz bestimmt vorgenommen, nur einen Mann zu nehmen, der das Brummeisen zu spielen verstünde. Aber Träume seien Schäume, und besonders Jugendträume! Sie sähe ein, dass sich ihr Wunsch nicht erfüllen ließe, und da der König ihr sonst sehr gut gefalle, so wolle sie ihn schon zum Manne nehmen.

Da fuhr der Minister zurück, was die Pferde jagen wollten, und der König umarmte ihn und gab ihm den großen Schranzenorden mit Brettern, den Orden am Hals und die Bretter noch höher zu tragen. Bunte Fahnen wurden in der Stadt ausgehangen, Girlanden von einem Haus zum andern quer über die Straßen gezogen und die Hochzeit so herrlich gefeiert, dass die Leute vierzehn Tage von weiter nichts sprachen.

Der König und die junge Königin aber lebten in Lust und Freude ein ganzes Jahr lang. Der König hatte die Pfeffernüsse und die Königin das Brummeisen gänzlich vergessen.

Eines Tages jedoch stand der König früh mit dem falschen Beine zuerst aus dem Bette auf, und alles ging verkehrt. Es regnete den ganzen Tag; der Reichsapfel fiel hin, und das kleine Kreuz, das oben drauf ist, brach ab; dann kam der Hofmaler und brachte die neue

Karte vom Königreiche, und als der König sie besah, war das Land rot angestrichen statt blau, wie er befohlen; und endlich, die Königin hatte Kopfschmerzen.

Da geschah es, dass das Ehepaar sich zum ersten Male zankte; warum, wussten sie am nächsten Morgen selbst nicht mehr, oder wenn sie es wussten, wollten sie es wenigstens nicht sagen. Kurz, der König war brummig und die Königin schnippisch und behielt stets das letzte Wort. Nachdem sie sich beide lange Zeit hin und her gestritten, zuckte die Königin endlich verächtlich mit den Achseln und sagte:

»Ich dächte, du wärest nun endlich still und hörtest auf, alles zu tadeln, was dir vor die Augen kommt! Du selbst kannst ja nicht einmal das Brummeisen spielen.«

Aber kaum war ihr dies entschlüpft, als der König ihr schon ins Wort fiel und giftig antwortete: »Und du kannst nicht einmal Pfeffernüsse backen!«

Da blieb die Königin zum ersten Male die Antwort schuldig und wurde ganz still, und beide gingen, ohne weiter ein Wort zu wechseln, auseinander, jeder in seine Stube. Hier setzte sich die Königin in die Sofaecke und weinte und dachte: Was du doch für eine törichte Frau bist! Wo hast du nur deinen Verstand gehabt? Dümmer hättest du es gar nicht anfangen können!

Der König aber ging in seinem Zimmer auf und ab, rieb sich die Hände und sagte: »Es ist doch ein wahres Glück, dass meine Frau keine Pfeffernüsse backen kann! Was hätte ich sonst erwidern sollen, als sie mir vorwarf, dass ich das Brummeisen nicht zu spielen verstünde?!«

Nachdem er dies wenigstens drei- oder viermal wiederholt hatte, wurde er immer vergnügter. Er fing an, seine Lieblingsmelodie zu pfeifen, besah sich dann das große Bild der Königin, welches in seinem Zimmer hing, stieg auf einen Stuhl, um mit dem Taschentuch einen Spinnenfaden abzuwischen, der der Königin gerade über die Nase herabhing, und sagte endlich: »Sie hat sich gewiss recht geärgert, die gute kleine Frau! Ich werde einmal sehen, was sie macht!«

Darauf ging er zur Tür hinaus auf den langen Gang, auf welchen alle Zimmer mündeten. Weil aber an diesem Tage alles verkehrt ging, so hatte der Kammerdiener vergessen, die Lampen anzuzünden, obgleich es schon acht Uhr abends und stockdunkel war.

Daher streckte der König die Hände vor sich, um sich nicht zu stoßen, und tappte vorsichtig an der Wand hin. Plötzlich fühlte er etwas Weiches.

»Wer ist da?«, fragte er.

»Ich bin es«, antwortete die Königin.

»Was suchst du, mein Schatz?«

»Ich wollte dich um Verzeihung bitten«, erwiderte die Königin, »weil ich dich so gekränkt habe.«

»Das brauchst du gar nicht!«, sagte der König und fiel ihr um den Hals. »Ich habe mehr Schuld als du und längst alles vergessen. Aber, weißt du, zwei Worte wollen wir in unserem Königreiche bei Todesstrafe verbieten lassen, Brummeisen und – «

»Und Pfeffernüsse«, fiel die Königin lachend ein, indem sie sich heimlich noch ein paar Tränen aus den Augen wischte – und damit hat die Geschichte ein Ende.

RAUHNÄCHTE INDIVIDUELL GESTALTEN

Wann sind es »gelungene Rauhnächte« – für Sie ganz persönlich? Vielleicht wenn Sie Ihre perfekte Balance aus aufregend schönem Miteinander und stiller Einkehr bei sich selbst finden. Die Harmonie von Aktivität und Entspannung. Von gelöster Albernheit und fokussierter Innenschau. Die folgenden ganz praktischen Anregungen sollen es Ihnen möglichst leicht machen, die Magie dieser Zeit in Ihre Wohnung und in Ihr Herz zu holen.

EIGENE RITUALE FINDEN

Das perfekte »Ritual«, wenn Sie es wirklich bewusst als solches begehen, könnte sein: Ruhe geben, faulenzen, genießen, kuscheln, schlemmen, spielen, lachen, sich freuen. Außerdem können Sie sich natürlich aus der Vielzahl der hier gezeigten Möglichkeiten das eine oder andere heraussuchen und Ihre ganz individuellen Rituale zusammenstellen.

Wenn Sie ein bisschen in Mußestimmung kommen, steigen womöglich Erinnerungen an Dinge auf, die Sie früher gern unternommen haben, und es kommen Ihnen Ideen für die Zukunft in den Sinn. Sie begreifen tiefere Zusammenhänge und schöpfen neue Lust aufs Leben, auf Ihr Leben.

13 WÜNSCHE FÜR DAS KOMMENDE JAHR

Schreiben Sie vor Beginn der Rauhnächte 13 Wünsche auf kleine Zettel. Überlegen Sie in Ruhe: Was ist Ihnen wichtig? Was liegt Ihnen am Herzen? Was würde das kommende Jahr vollkommen machen?

Falten Sie die 13 Zettel jeweils so, dass sie sich äußerlich nicht mehr unterscheiden. Geben Sie sie in ein Säckchen oder eine Schachtel.

In jeder der Rauhnächte, möglichst wenn es dunkel oder zumindest dämmrig ist, gehen Sie hinaus und ziehen einen der Zettel aus dem Säckchen oder der Schachtel. Ihn übergeben Sie nun der geistigen Welt, indem Sie ihn (in einer feuerfesten Schale) verbrennen – ohne nachzusehen, welcher Wunsch das ist, um den sich jetzt höhere Kräfte kümmern werden. Schauen Sie zu, wie das Papier in Rauch aufgeht. Bleiben Sie ganz still dabei und achten Sie darauf, was sich in Ihrem Kopf oder Ihrem Herzen bewegt.

Übergeben Sie die Asche der Erde und danken Sie zum Abschluss den Elementen für ihre Unterstützung. So verfahren Sie zwölfmal.

Am 6. Januar dann haben Sie noch einen letzten Zettel in Ihrem Säckchen oder Ihrer Schachtel. Nehmen Sie ihn feierlich hervor und entfalten Sie das Papier. Und dann lesen Sie den Wunsch, um den Sie sich im gerade anbrechenden Jahr selbst kümmern sollten, wenn er in Erfüllung gehen soll.

Aktuell drängende Fragen stellen

Die offeneren Zeiträume der Rauhnächte bieten sich dafür an, dass wir Fragen mit hineinnehmen, für die wir im Alltag keine Zeit finden, die aber dennoch drängen. Vielleicht fragen Sie nach der Lösung für ein aktuelles Problem, nach einer Alternative zum Bestehenden in Beziehung oder Beruf, nach Ihrer Berufung oder Vision oder ganz allgemein danach, worauf Sie sich im kommenden Jahr fokussieren wollen.

Es kann lohnend sein, diese Fragen vorab zu notieren und sie während der Rauhnächte und insbesondere während der stilleren Momente oder beim Orakeln ins Bewusstsein zu rufen. Oder Sie nehmen sie mit auf Spaziergänge in die schweigsame Natur, die dennoch Antworten für Sie bereithalten mag. Nutzen Sie Ihr Tagebuch, um auftauchende Ahnungen oder bereits klare Antworten zu notieren. Und lassen Sie sich von Ihren geistigen Helfern unterstützen.

Eröffnungs- und Abschlussritual

Wenn Sie Anfang und Ende einer besonderen Zeit markieren, wird der Raum dazwischen umso kraftvoller. Denn Ihr Bewusstsein stellt sich um: auf das Außergewöhnliche. Die Rauhnächte beginnen sowieso, doch wenn wir uns nicht darauf einstellen, können wir sie kaum nutzen. Mit einem Anfangsritual – so klein es auch sei – eröffnen Sie für Ihr Bewusstsein einen magischen Raum. Und in dem kann sich der Zauber dieser Zeit dann voll entfalten.

So könnten Sie beispielsweise am Thomastag, dem 21. Dezember, dem dunkelsten Tag des Jahres und der Wintersonnenwende, abends die rauhe Zeit für sich eröffnen. Wer damit vertraut ist, wird vielleicht ein größeres Ritual in der Gemeinschaft feiern, doch ebenso schön kann ein symbolhaft tiefer Moment sein, allein oder in der Familie. Wichtig ist die Bewusstheit, mit der es geschieht.

DAS RITUAL FÜR DEN BEGINN DER RAUHNÄCHTE

Sie suchen sich einen ruhigen Platz, legen Ihr Tagebuch und vielleicht auch schon ein bevorzugtes Orakel bereit. Nun schließen Sie die Augen und werden innerlich ruhig. Sie zünden ein Kerzenlicht an, das die Dunkelheit erhellt.

In der Betrachtung dieses Lichts stimmen Sie sich auf die bevorstehenden Rauhnächte ein. Nachdem Sie eine Weile still waren, können Sie aktuelle Fragen, die in den zwölf heiligen Nächten eine Antwort erhalten sollen, in Ihr Tagebuch schreiben. Vielleicht auch einen Wunsch, den Sie sich selbst in dieser Zeit erfüllen wollen: täglich ein bisschen für sich Zeit haben, viel und genüsslich schlafen oder mit den Kindern spielen, den Keller entrümpeln oder sich mit einem Freund aussöhnen.

Laden Sie die Welt der geistigen Helfer, die Sie während der Rauhnächte unterstützen sollen, zu sich ein. Räuchern Sie für sie und äußern Sie Ihre Bitte für die bevorstehende Zeit. Wenn Sie möchten, können Sie auch orakeln, mit einer Frage wie dieser: »Was ist das Beste, das ich für mich aus den Rauhnächten diesmal machen kann?« Eröffnen Sie zum Abschluss mit einer Geste, einem Ton, einem Gong oder Ähnlichem »offiziell« für sich die Rauhnächte. Auch wenn die erste Rauhnacht noch nicht begonnen hat – Sie haben den Raum des Besonderen betreten. Eine Phase erhöhter Bewusstheit hat begonnen.

Bedanken Sie sich bei den Kräften, die Sie begleiten und beschützen. Nehmen Sie das helle Licht der Kerze symbolisch in sich auf, sodass es in Ihrem Herzen weiterbrennt, auch wenn jetzt draußen das Dunkel herrscht. Blasen Sie dann die Kerze aus.

Ein Ritual für alle zwölf Tage

Zwölf rauhe Nächte, die für die zwölf Monate des kommenden Jahres stehen – jeder Tag ein Monat. Unter diesem Aspekt bietet es sich wie selbstverständlich an, an jedem dieser zwölf Tage einmal innezuhalten und einen Ausblick in die Zukunft zu wagen: was dran ist, was Thema wird, was ich möchte und was nicht mehr, was mich unterstützt.

So können die Rauhnächte für Sie eine Vorbereitung des Neuen sein, und Sie können sich einen Ablauf gestalten, den Sie jeden Tag wiederholen. Mögliche Elemente dafür:

- Ein Kerzenlicht anzünden und sich mit dem Licht im eigenen Inneren verbinden.
- Still werden, bewusst atmen, wahrnehmen, was ist.
- Kontakt zur geistigen Welt aufnehmen, vielleicht auch mithilfe einer Trommel oder Rassel, und sich mit dem Helferwesen verbinden, das Sie während dieser Rauhnächte begleitet.
- Fragen zum Tag und zum ihm entsprechenden Monat des kommenden Jahres stellen und der Antwort lauschen: über eines der vielen möglichen Orakel, im Austausch mit dem Helferwesen oder in meditativer Versenkung. Was ist das Thema des jeweiligen Monats? Was kann Sie unterstützen?
- Ein Helferwesen für den zugehörigen Monat erbitten.
- Eventuell weitere Bausteine, die Sie in diesem Zeitraum unterstützen, erfragen: Lieder, Yogapositionen, Qi-Gong- oder Atemübungen, Affirmationen, die Sie jeweils in den entsprechenden 30 oder 31 Tagen täglich nutzen, oder auch Speisen, Verwöhnaktionen oder Freizeitaktivitäten für diese Zeit. Es könnten für jeden Monat die gleichen Elemente sein oder aber mal etwas Körperliches, mal etwas Geistiges.

- Sie können einer der Fragen, mit denen Sie eventuell in die Rauhnächte gestartet sind, nachgehen oder sich ganz allgemein fragen: Wo stehe ich? Was will ich? Was bringt mein Leben fortan zum Blühen? Vielleicht wollen Sie auch die Anregungen ab Seite 110 nutzen.
- Sie könnten sich jeweils noch irgendeine Übung aus diesem Buch oder eine, die Sie anderswoher kennen, vornehmen.
- Zum Abschluss könnten Sie singen oder tanzen oder einfach still sitzen bleiben, nachspüren – und sich dann von der geistigen Welt für diesen Tag verabschieden.
- Vergessen Sie nicht, alle Botschaften und Ihre eigenen Ideen und Erkenntnisse zu notieren.

DAS MINIRITUAL FÜR STARK EINGESPANNTE

Zünden Sie täglich ein Kerzenlicht an, setzen Sie sich davor und betrachten Sie es. Atmen Sie zwölfmal tief und ruhig ein und aus und zählen Sie dabei in Gedanken die zwölf Monate mit, ein Atemzug für jeden Monat. Nach dem Dezember schließen Sie für ein oder zwei Minuten die Augen und spüren in sich hinein, während Sie ganz normal weiteratmen.

Blicken Sie dann wieder auf die Kerze und zählen Sie atmend erneut die Monate bis zu dem, der der heutigen Rauhnacht entspricht. Spüren Sie, wie sich das Licht außen in Ihrem Inneren spiegelt, nehmen Sie das Licht Ihres Lebens in Ihrem Brustkorb, in Ihrem Herzen wahr.

Behalten Sie den Fokus dort, wenn Sie das kleine Ritual jetzt beenden und die Kerze vor Ihnen auspusten.

Rituelle Höhepunkte zwischendurch

Weihnachten und Silvester sind Höhepunkte dieser besonderen Jahreszeit, die wir alle von Kindesbeinen an kennen, selbst wenn wir vielleicht noch nie von den Rauhnächten gehört haben. Auch diese Feste werden rituell begangen, ob wir das so benennen oder nicht. Regional und familiär unterschiedlich ausgeprägt gibt es dann immer die gleichen Speisen an den entsprechenden Tagen, wir feiern in der Familie nach bestimmten Abläufen und schenken uns Dinge – im besten Fall, um uns gegenseitig zu erfreuen und zu würdigen. Silvester schicken wir Raketen in den Himmel, wir knallen und böllern, wir gießen Blei, um einen Blick auf Zukünftiges zu erhaschen. Wir wünschen einander Glück und nehmen uns vor, was wir im neuen Jahr, diesem großen, verheißungsvollen, noch unbeschriebenen Blatt, alles besser machen werden. Erleben wir all dies eingebettet in das uralte Bewusstsein um die Rauhnächte, kann es umso kraftvoller und schöner werden.

DEM INNENLEBEN ÄUSSERLICH GESTALT GEBEN

Einen Anker für die Seele setzen, so ließe sich das beschreiben, worum es jetzt gehen soll. Ab dem 7. Januar wird wieder Alltag angesagt sein. Alles wird so wie immer sein, wie Sie es kennen, unverändert. Oder doch nicht? Wenn Sie sich eine richtig gute Zeit der Muße gemacht haben, wenn Sie vielleicht ab und an einen Moment des Lauschens auf etwas Höheres (oder Tieferes) erlebten, dann dürfte die Wirkung schon ein bisschen weiter reichen. Und insbesondere dann, wenn Sie sich während der zwölf heiligen Nächte immer mal wieder mithilfe von Orakeln oder Ihrer inneren Stimme gefragt haben, was das neue Jahr bringen könnte.

Während der Rauhnächte erleben Sie vielleicht eine tiefe innere Ruhe. Der Austausch in der Familie oder unter Freunden kann etwas sehr Entspannendes haben, wenn man sich Zeit nimmt. Und zwischendurch können Sie sich möglicherweise der völligen Stille hingeben und Kraft aus ihr tanken, es könnten Ihnen Einsichten zufallen, und der Kontakt zu Freunden auch aus der geistigen Welt oder der Natur wird gestärkt. Eventuell stellen Sie einige Weichen in Ihrem Leben neu und wissen plötzlich mit großer Klarheit, was Sie fortan nicht mehr wollen und wohin es gehen könnte.

Kommt dann der Alltag, wird er sich dem Neuen erst einmal kühl entgegenstellen. Denn die Welt um Sie her hat sich nicht unbedingt mit verändert, nur weil Sie jetzt manches anders sehen und Ihnen Ihre Neujahrsvorsätze ganz wesentlich sind. Genau hier setzt die Kraft der Anker an, die Sie sich während der Rauhnächte erschaffen können: in Form von Aufzeichnungen, Bildern, Collagen, Listen mit konkretisierten Vorhaben, kleinen Ritualen für den Alltag. Spielerisch und mit Freude, kreativ und lustvoll könnten Sie aus den folgenden Angeboten das nutzen, was Ihnen sinnvoll erscheint oder einfach Freude macht. Was die Einzelnen ins neue Jahr mitnehmen, ist höchst unterschiedlich: Der eine fasst vielleicht zwölf Vorsätze und malt zu jedem ein Bild. Für jemand anderen ist das Richtige ein einziger Klebezettel am Badezimmerschrank, auf dem steht: »Bitte lächeln!«

Das Tagebuch

Simpel und kein großes Geheimnis: Was wir aufschreiben, bleibt uns eher erhalten. Außerdem werden uns viele Dinge erst während des Aufschreibens so richtig klar. Täglich ein paar Notizen: Wie geht es Ihnen, was war los, Besonderheiten, Erkenntnisse, welche Helfer sind aufgetaucht, welche Ergebnisse brachten die Orakel … Sammeln Sie außerdem Ihre Eindrücke und spontane Ideen für das Kommende. Es kann sehr interessant sein, später im Jahr dann nach dem Tag zu suchen, der dem aktuellen Monat entspricht, und zu lesen, wie sich die Themen oder Grundstimmungen spiegeln. Oft findet sich dabei scheinbar überraschend eine Antwort auf momentan drängende Fragen.

Bilder, Mindmaps, Collagen

Es muss nicht das bloße Schreiben sein. Auf größeren Blättern können Sie sich richtig austoben, zeichnend oder kritzelnd, mit Worten, Symbolen oder Bildchen, klebend, schreibend, künstlerisch oder einfach wild emotional. Es ist erstaunlich zu erleben, dass dieser freie Ausdruck seine Eigendynamik entfaltet und uns Klarheit über aktuelle Themen schenkt, die über das Denken nicht zu erlangen gewesen wäre. Und das Schöne auch an dieser Art des Festhaltens: Sie können während des kommenden Jahres immer wieder darauf zurückgreifen und sich so in die Energie Ihrer Rauhnächte zurückversetzen. Dann ist das ganze große Ja zu einem Alltag im Sinne neuer Erkenntnisse wieder präsent und bleibt damit auch stärker wirksam.

Das Jahresmandala

Aus unserer Sicht eine wahre Krone der Möglichkeiten, sich sozusagen künstlerisch auf das Neue vorzubereiten: Auf einer großen quadratischen Leinwand oder einem großen Papier oder Stoff gestalten Sie einen Jahreskreis mit den zwölf Monaten.

In jedes Segment setzen Sie all das, was Sie während der Rauhnächte für den entsprechenden Monat erhalten haben: den Namen der Tarot- oder anderen Orakelkarte, die Sie gezogen haben; ein Bild des Krafttieres oder Engels, die Sie unterstützen werden; einen kleinen Gegenstand aus der Natur; einen Begriff für das Grundthema, um das es gehen wird; eine Skizze der jetzt angezeigten Yoga- oder Qi-Gong-Übung; Gedichte; Erkenntnisse in Wortform … was auch immer Ihnen während der Rauhnächte jeweils zugefallen ist. In die Mitte können Sie das Thema und gegebenenfalls die Tarot- oder andere Orakelkarte anbringen, die das gesamte Jahr betreffen.

Dieses Jahresmandala, Ihren Schatz für das kommende Jahr, hängen Sie dann in Ihrer Wohnung auf, nicht unbedingt als Blickfang für Besucher, aber für Sie selbst deutlich sichtbar. Bei einigen kommt das kostbare Stück vielleicht innen an die Tür des Kleiderschranks, andere hängen es über ihren Meditationsplatz.

Wann immer Sie es betrachten, wird es Sie nicht nur geistig an die anstehenden Themen erinnern, sondern Ihnen unterschwellig stets etwas von der Kraft geben, der Sie sich während der Rauhnächte bewusst geöffnet haben.

IHRE GANZ PERSÖNLICHE (AUS-)ZEIT

Wenn Sie Lust haben, einige der hier vorgestellten Möglichkeiten zu probieren, könnte es sinnvoll sein, sich vorab etwas Zeit zu reservieren. Die Weihnachtsaufregung, der Trubel mit den Verwandten, die Silvestereuphorie – all das könnte dazu führen, dass Sie gar nicht dazu kommen, sich auch um sich selbst, um Ihre Wünsche und Visionen für das nächste Jahr zu kümmern.

Das Beste ist es daher, sich noch vor dem Heiligen Abend zu überlegen: Was will ich? Wie viel Zeit brauche ich für mich allein? Und was ist realistisch? Jeden Morgen eine halbe Stunde, um die Stimmung des Tages zu erspüren? Jeden Abend zehn Minuten, um in die beginnende Nacht und ins eigene Herz zu lauschen? Oder um Mitternacht, wenn es ganz ruhig geworden ist, eine stille Stunde mit einem Orakel, eine entspannte Plauderei mit einem Krafttier oder eine persönliche Reflexion im Tagebuch?

Treffen Sie mit sich selbst eine Vereinbarung, die Sie bereits jetzt in eine Stimmung der Vorfreude versetzt. Schenken Sie sich selbst »Ihre Rauhnächte« als Dank für ein intensives Jahr. Und nehmen Sie sich nicht zu viel vor. Auch aus zehn Minuten echter Auszeit kann man Kraft für einen ganzen, vollen, schönen Tag schöpfen.

* Drei Wünsche *

Während der stillen Zeit wird viel gewünscht, zu Weihnachten, zum Neujahr, für sich selbst, für andere. Davon, dass man aufpassen sollte, was man sich wünscht, berichten viele Märchen. So zum Beispiel dieses hier aus Lettland:

Es war ein eisig kalter Wintertag, als ein uraltes Mütterchen an die Tür einer einsamen Hütte klopfte und darum bat, sich ein wenig aufzuwärmen. Als die Alte wenig später wieder ihres Weges ziehen wollte, sagte sie zu der Frau: »Du hast mich aufgenommen, und dafür erfülle ich dir drei Wünsche.«

Die Frau war erfreut, dachte nicht lange nach und rief: »Ei, so will ich, dass gute Würste in meiner Pfanne braten!«

Kaum hatte sie ihren Wunsch ausgesprochen, briet und brutzelte es in der Pfanne, dass es eine Freude war.

Da aber kam ihr Mann herbei und schimpfte: »Was bist du dumm, dir so etwas zu wünschen! Sollen dir die Würste an der Nase hängen! Du hättest dir besser Geld und Gold gewünscht und eine prächtige Kuh!«

Kaum hatte er gesprochen, da hingen die Würste an der Nase der Frau fest und waren nicht wieder davon zu lösen. Wie erschraken beide! Sie flehten das Mütterchen an, die Frau von den Würsten zu erlösen.

Die Alte erfüllte auch diesen Wunsch, verabschiedete sich und ging ihrer Wege.

ZAUBERHAFTES FÜR KINDER

Vor allem die Weihnachtszeit gehört der Familie – und damit nicht zuletzt den Kindern. Vor allem in jüngeren Jahren sind sie oft sehr an alten Bräuchen und Märchen oder gruseligen Geschichten interessiert.

Wenn Sie Lust haben, Ihre Kinder auf spielerische Weise ein wenig mit dem Wesen der Rauhnächte bekannt zu machen, hier ein paar Ideen:

Zeit des Dunkels

Was heißt Dunkelheit eigentlich, noch dazu in einer Welt, in der wir ihr kaum wirklich begegnen?

Ist Ihr Nachwuchs mutig? Bestimmt. Denn es gibt viel zu entdecken, wenn man sich nachts zu einem kleinen Spaziergang hinauswagt, irgendwo in die Natur, wo es keine Laternen oder beleuchteten Häuser gibt. Weit müssen Sie nicht gehen, nur so weit, wie es sich gut anfühlt. Das Kind an der Hand, sicher geborgen an der Seite des Erwachsenen. Sprechen Sie leise darüber, wie Sie sich fühlen und was es ausmacht, im Dunkeln draußen zu sein – vor allem, wenn es irgendwo im Gebüsch knackt oder der kalte Wind die Bäume ächzen lässt. Und zur Not haben Sie sicherlich (heimlich) eine Taschenlampe in der Jackentasche.

Zeit der guten Wünsche

Sich konkret nach den eigenen Wünschen zu befragen, kann nicht zuletzt für Kinder schön sein, auch wenn sie vielleicht ein wenig brauchen, bis sie über all die »Flöhe« hinauskommen, die ihnen die Fernsehwerbung ins Ohr gesetzt hat. Sie könnten helfen, indem Sie fragen: Was will dein Herz?

Solche Wünsche kann man aufschreiben, abends draußen ein Feuer machen und sie verbrennen, damit sie als Rauch zu den Kräften aufsteigen, die sich um die Erfüllung kümmern. Oder Sie basteln kleine Lichtschiffchen aus Baumrinde, auf die Sie Teelichter stellen und die Sie mit allen guten Wünschen für das Kommende auf einen Fluss oder See setzen. Wenn es kürzlich in Ihrem Umfeld einen schweren Krankheits- oder einen Todesfall gegeben hat, der auch das Kind berührte, könnten Sie einem der Lichter gemeinsam Ihren Segen für diesen Menschen mitgeben.

Zeit der Stille

Stille ist meist nicht leicht für Kinder. Aber vielleicht wollen Sie sie mal zu einem Experiment einladen. Sie könnten Ihrem Kind erzählen, wie still die Welt war, als es noch keine Radios, Fernseher, Computer und Autos gab. Dann könnten Sie sich gemeinsam in der Natur, einem Park oder auch in der Wohnung, die nur von einem Kerzenlicht erhellt ist, hinsetzen und sich vornehmen, für ein paar Minuten ganz leise zu sein und zu schweigen. Lauschen Sie. Was hört man alles, wenn man selbst still geworden ist?

Zeit der Perchtenmasken

Masken faszinieren Kinder natürlich ganz besonders – und erst recht, wenn sie so schaurig und gruselig wirken wie die der Perchten. Wir wäre es mit einem Bastelnachmittag, an dem Sie gemeinsam eine solche Larve entstehen lassen?

Aus Pappe und Stoff, Fäden, Farbe, Glitzerpulver, vielleicht auch Baumrinde und kleinen Tannenzapfen, aus allem Möglichen, was Kinderzimmer und Natur hergeben, könnten Sie eine wunderbar hässliche Perchtenmaske zaubern. Mit der vor dem Gesicht hat Ihr Kind dann die Möglichkeit, in der Wohnung umherzurennen und alles zu verscheuchen und zu vertreiben, was es belastet, ärgert und nervt: böse Träume, unschöne Erinnerungen und vielleicht auch den einen oder anderen Quälgeist, der sich in irgendeiner Ecke eingenistet haben mag.

Zeit der starken Verbündeten

Welches Tier gefällt Ihrem Kind am besten? Von welchem Vierbeiner oder Vogel ist es begeistert? Und wie wäre es, dieses Tier während der Rauhnächte als Krafttier einzuladen? Kinder haben eine gute Vorstellungskraft – nichts ist leichter für sie, als in das Fell oder Gefieder des Lieblingstieres zu schlüpfen. Dann können sie fauchen wie ein Tiger oder stolzieren wie ein Hahn, sich fröhlich springend wie ein Delfin oder groß und mächtig wie ein Elefant fühlen.

Sie können sich diese Kräfte zu Verbündeten machen, die sie im Leben unterstützen, wann immer sie daran denken und sie zu sich rufen.

Zeit des Rückzugs

Winterschlaf, dieses Phänomen interessiert viele Kinder brennend. Vielleicht wollen Sie es mit Ihrem Kind mal spielen. Der Bär zieht sich in eine Höhle zurück, vielleicht ein Zelt im Kinderzimmer oder ein Nest aus Decken unter dem Schreibtisch. Und dort träumt er dann von all dem, was im letzten Jahr so passiert ist, und von dem, was er sich fürs neue Jahr alles wünscht …

Zeit des Neubeginns

Oder Sie regen Ihr Kind an, sich einmal vorzustellen, wie ein Schneeglöckchen als kleine Zwiebel in der Erde zu schlummern. Wie fühlt es sich an, so tief verborgen, von dunkler Erde bedeckt zu warten? Was träumt es da, so tief unterm Schnee? Und wie ist es, dann plötzlich kraftvoll nach oben zu schießen? Die ersten grünen Spitzen durch die Erde und

durch den Schnee zu recken? Herauszuspringen ans Licht und den Zauber des Lebens zu beginnen? Das gibt auch uns Menschenkindern Fragen auf: Wie gehen wir ins neue Jahr? Was wollen wir alles erleben?

Kinder lieben natürlich auch Märchen und können sich über skurrile Geschichten köstlich amüsieren. Das Folgende ist ein wirklich eigenartiges Märchen, aber tatsächlich von den Brüdern Grimm.

* Der Mond *

Vor Zeiten gab es ein Land, wo die Nacht immer dunkel und der Himmel wie ein schwarzes Tuch darübergebreitet war, denn es ging dort niemals der Mond auf, und kein Stern blinkte in der Finsternis. Bei Erschaffung der Welt hatte das nächtliche Licht ausgereicht. Aus diesem Land gingen einmal vier Burschen auf die Wanderschaft und gelangten in ein anderes Reich, wo abends, wenn die Sonne hinter den Bergen verschwunden war, auf einem Eichbaum eine leuchtende Kugel stand, die weit und breit ein sanftes Licht ausgoss. Man konnte dabei alles wohl sehen und unterscheiden, wenn es auch nicht so glänzend wie die Sonne war. Die Wanderer standen still und fragten einen Bauern, der da mit seinem Wagen vorbeifuhr, was das für ein Licht sei.

»Das ist der Mond«, antwortete dieser, »unser Schultheiß hat ihn für drei Taler gekauft und an dem Eichbaum befestigt. Er muss täglich Öl aufgießen und ihn reinhalten, damit er immer hell brennt. Dafür erhält er von uns wöchentlich einen Taler.«

Als der Bauer weggefahren war, sagte der eine von den vieren: »Diese Lampe könnten wir brauchen, wir haben daheim einen Eichbaum, der ebenso groß ist, daran können wir sie hängen. Was für eine Freude, wenn wir nachts nicht in der Finsternis herumtappen!«

»Wisst ihr was?«, sprach der zweite. »Wir wollen Wagen und Pferde holen und den Mond wegführen. Sie können sich hier einen andern kaufen.«

»Ich kann gut klettern«, sprach der dritte, »ich will ihn schon herunterholen.«

Der vierte brachte einen Wagen mit Pferden herbei, und der dritte stieg den Baum hinauf, bohrte ein Loch in den Mond, zog ein Seil hindurch und ließ ihn herab. Als die glänzende Kugel auf dem Wagen lag, deckten sie ein Tuch darüber, damit niemand den Raub bemerken sollte. Sie brachten ihn glücklich in ihr Land und stellten ihn auf eine hohe Eiche.

Alte und Junge freuten sich, als die neue Lampe ihr Licht über alle Felder leuchten ließ und Stuben und Kammern damit erfüllte. Die Zwerge kamen aus den Felsenhöhlen hervor, und die kleinen Wichtelmänner tanzten in ihren roten Röckchen auf den Wiesen den Ringeltanz.

Die vier versorgten den Mond mit Öl, putzten den Docht und erhielten wöchentlich ihren Taler. Aber sie wurden Greise, und als der eine erkrankte und seinen Tod voraussah, verordnete er, dass der vierte Teil des Mondes als sein Eigentum ihm mit in das Grab sollte gegeben werden. Als er gestorben war, stieg der Schultheiß auf den Baum und schnitt mit der Heckenschere ein Viertel ab, das in den Sarg gelegt ward. Das Licht des Mondes nahm ab, aber noch nicht merklich. Als der zweite starb, ward ihm das zweite Viertel mitgegeben, und das Licht minderte sich. Noch schwächer ward es nach dem Tod des dritten, der gleichfalls seinen Teil mitnahm, und als der vierte ins Grab kam, trat die alte Finsternis wieder ein. Wenn die Leute abends ohne Laterne ausgingen, stießen sie mit den Köpfen zusammen.

Als aber die Teile des Mondes in der Unterwelt sich wieder vereinigten, so wurden dort, wo immer Dunkelheit geherrscht hatte, die Toten unruhig und erwachten aus ihrem Schlaf. Sie erstaunten, als sie wieder sehen konnten. Das Mondlicht war ihnen genug, denn ihre Augen waren so schwach geworden, dass sie den Glanz der Sonne nicht ertragen hätten. Sie erhoben sich, wurden lustig und nahmen ihre alte Lebensweise wieder an. Ein Teil ging zum Spiel und Tanz, andere liefen in die Wirtshäuser, wo sie Wein forderten, sich betranken, tobten und zankten und ihre Knüttel aufhoben und sich prügelten. Der Lärm ward immer ärger und drang endlich bis in den Himmel hinauf.

Der heilige Petrus, der das Himmelstor bewacht, glaubte, die Unterwelt wäre in Aufruhr geraten, und rief die himmlischen Heerscharen zusammen. Da sie aber nicht kamen, so setzte er sich auf sein Pferd und ritt durch das Himmelstor hinab in die Unterwelt. Da brachte er die Toten zur Ruhe, hieß sie sich wieder in ihre Gräber legen und nahm den Mond mit fort, den er oben am Himmel aufhing.

VORFREUDE – SCHÖNSTE FREUDE?

Wie wollen Sie die Rauhnächte begehen? Genüsslich und gemütlich, mit vielen Freunden und der Familie und zugleich vielleicht ab und zu in Momenten der Stille als Vorbereitung auf das Neue? Dafür hier ein paar erinnernde Stichworte:

- Welche Bräuche – althergebracht oder neu umgedeutet – wollen Sie selbst diesmal leben? Und wenn Sie sich Rituale überlegt haben, sind die nötigen Utensilien da?
- Haben Sie schon Kontakt zu möglichen Helfern aus der geistigen Welt aufgenommen?
- Liegen Orakel bereit, ebenso wie das Räucherwerk?
- Ist an ein Tagebuch gedacht und vielleicht zusätzlich an einen Malblock und verschiedenfarbige Stifte? Oder eine Leinwand und Farben?
- Haben Sie eventuelle Fragen formuliert, die Sie im Hinblick auf das neue Jahr gern geklärt hätten?
- Wissen Sie, inwieweit Sie die Rauhnächte auch für kleine oder größere Auszeiten nutzen wollen? Haben Sie Zeiträume für Rückzug, Besinnung, Orakel und Ähnliches im Auge? Jeden Tag eine bestimmte Stunde oder vielleicht ein paar Minuten frühmorgens und noch ein paar vor dem Schlafengehen?

WEGBEGLEITER DURCH DIE ZWÖLF HEILIGEN NÄCHTE

Jede dieser rauhen Nächte hat eine ganz eigene Energie. Und natürlich können sie auch individuell sehr unterschiedlich wahrgenommen werden – schließlich sind sie ja ein Anzeiger für alles, was das kommende Jahr uns allen, aber auch jedem Einzelnen bringen könnte.

✻ DIE QUALITÄT DER ZEIT ERSPÜREN ✻

Treten Sie während der zwölf Rauhnächte jeden Morgen nach dem Aufstehen ans Fenster und erspüren Sie die Qualität des Tages und damit vielleicht auch schon des entsprechenden Monats im kommenden Jahr. Sie könnten einen Gedanken wahrnehmen, einen Impuls, ein Wort oder einen inneren Eindruck. Oder Sie sehen oder hören irgendetwas, das Ihre Aufmerksamkeit erregt. Lauschen Sie, sodass Sie sogar subtile Stimmungen erkennen können.

Und lauschen Sie auch in sich selbst hinein. Wie geht es Ihnen? Welche Themen könnten heute und damit im übertragenen Sinn auch im entsprechenden Teil des kommenden Jahres relevant sein? Machen Sie sich ein paar Notizen in Ihrem Tagebuch. Es kann sehr aufschlussreich sein, sie dann im Jahresverlauf ab und zu wieder zur Hand zu nehmen.

Während der zwölf Rauhnächte wandern wir einmal durch ein komplettes Jahr. Es ist daher naheliegend, davon auszugehen, dass die Themen und Stimmungen, die wir an diesen Tagen wahrnehmen, etwas mit der Grundenergie der entsprechend zugeordneten Monate zu tun haben. Was aber macht diese Grundschwingung aus? Wir alle erleben das gleiche Jahr höchst unterschiedlich, und schauen wir zurück, waren die einzelnen Jahre von den vielfältigsten Ereignissen, Gefühlen und Grundzuständen geprägt.

JAHRESKREISLÄUFE

Es gibt eine verbindende Kraft, und das ist der Kreislauf der Natur, der Jahreszeiten und der damit verbundenen Zyklen von Wachstum, Fülle, Ernte, Zerfall und Pause vor dem Neubeginn. Von ihm haben wir uns inspirieren lassen und grundlegende Themen für die einzelnen rauhen Nächte erfasst. Von ihnen können Sie sich, vielleicht zusätzlich zu anderen von Ihnen erspürten individuellen Qualitäten, in Vorbereitung auf das neue Jahr durch die zwölf heiligen Nächte begleiten lassen. Dass die Jahreszeiten aufeinander folgen, ist kein Geheimnis. Sich diesen Kreislauf im Einzelnen bewusst zu machen, kann dennoch sehr interessant sein. Denn was wir in der Natur erspüren, trifft auch auf uns selbst zu. Die Zyklen dort auf das eigene Sein zu übertragen, kann auch unser Leben ausgewogener und damit kraftvoller machen.

Der Frühling ist die Zeit des Neuanfangs – die drei Monate, die ihn ausmachen, verbinden sich mit dem Aufbruch für den März, der Neugier für den April und dem Strategischen für den Mai. Strategie deswegen, weil wir in der Fülle der Möglichkeiten, die uns das neu erwachte Jahr mit seinem Blütenmeer und unserer frischen Lust auf Leben und Abenteuer schenkt, entscheiden müssen, wohin wir unsere Aufmerksamkeit und unsere Schritte lenken wollen. Der Sommer ist dann die Zeit der Aktivität, der Geselligkeit und Gemeinschaft und natürlich der Fülle. Im Herbst beginnt mit dem September eher eine Zeit der Intuition, es wird auch im übertragenen Sinne geerntet, was in den vorangegangenen Monaten wachsen konnte, und es ist seit alters auch die Zeit der Dankbarkeit für das, was wir haben und sein dürfen. Im Winter dann – wenn wir wirklich auf die Qualität der Zeit achten – stehen Weisheit, Stille und Frieden im Vordergrund, bevor im März die Aufbruchstimmung einen weiteren Kreislauf durchs Jahr ankündigt. Die zwölf Rauhnächte geben uns die Möglichkeit, diesen Zyklus im Kleinen vorzuerleben.

Winter
Dezember – Weisheit
Januar – Stille
Februar – Frieden

Frühling
März – Aufbruch
April – Neugierde
Mai – Strategie

Herbst
September – Intuition
Oktober – Ernte
November – Dankbarkeit

Sommer
Juni – Aktivität
Juli – Gesellschaft
August – Fülle

Rauhnacht	Tag	Feiertag und der Rauhnacht entsprechender Monat	Vorschlag für das Grundthema von Tag und Monat
Erste	25.12	1. Weihnachtstag; **Januar**	**Stille** – langsames, behutsames Ertasten, Ankommen
Zweite	26.12	2. Weihnachtstag; **Februar**	**Frieden** – mit sich im Reinen sein; vertrauen, dass der Samen für das Neue in der Erde ruht
Dritte	27.12.	**März**	**Aufbruch** – all das, was wachsen möchte
Vierte	28.12	Tag der unschuldigen Kinder, Tag der Heiligen; **April**	**Neugierde** – kindlich, offen, mit Freude erwarten, was da kommen mag
Fünfte	29.12.	**Mai**	**Strategie** – Überblick gewinnen
Sechste	30.12.	Festtag der heiligen Familie; **Juni**	**Aktivität** – Kraft der Bewegung; nicht denken, sondern etwas aus dem Körper heraus entstehen lassen
Siebte	31.12.	Silvester; **Juli**	**Gesellschaft** – Freunde, Feiern, Miteinander
Achte	1.1.	Neujahrstag; **August**	**Fülle** – alles ist ausreichend vorhanden; Fruchtbarkeit; die Freude über das, was da ist
Neunte	2.1.	**September**	**Intuition** – Gefühle und Seele, der Blick nach innen
Zehnte	3.1	**Oktober**	**Ernte** – die Früchte erkennen, die aus den zuvor gesetzten Samen gewachsen sind, neue Samen setzen
Elfte	4.1.	**November**	**Dankbarkeit** – Einsammeln der Früchte, die Verbindung mit allem sehen und ehren
Zwölfte	5.1.	Tag der Gnade; diese Nacht wird auch Perchtnacht, Dreikönigsnacht oder Nacht der Wunder genannt; **Dezember**	**Weisheit** – Wissen suchen, das Fragenstellen üben, Rückzug; Altes verabschieden mit dem Wissen, dass Alles schon da ist

Wie ein kleines zusätzliches Jahresrad sitzen die Rauhnächte im Jahreskreis. Sie sind die fünfte Jahreszeit, der dreizehnte Monat – und machen auch damit schon deutlich, dass sie nicht so ganz »von dieser Welt« sind.

Das Bildmotiv oben finden Sie auf der Homepage des Verlags (www.irisiana.de). Es steht als Poster zum freien Download für Sie bereit.

WINTERSONNENWENDE

21. Dezember – der kosmische Auftakt

Für viele beginnen die Rauhnächte eigentlich schon mit diesem Tag. An mehreren Orten der Erde zeugen die Reste jahrtausendealter Bauwerke davon, dass man den außergewöhnlichen Sonnenstand dieses Tages seit jeher gewürdigt hat. Bis heute machen viele Menschen ein Feuerritual zu diesem Datum. Es ist der kürzeste Tag des Jahres, die Sonne »macht eine Wende« und wird ab morgen wieder minimal länger sichtbar sein. Es ist der dunkelste Tag und zugleich das Symbol für die Wiedergeburt des Lichts.

Damit ist es auch der ideale Einstieg in die Rauhnächte, eine erste Einstimmung, die Sie auf Ihre Weise, und sei es mit ein paar Minuten vor einem Kerzenlicht in Stille sitzend, gestalten können. Dieser Tag wäre auch die perfekte Gelegenheit, um sich mit den persönlichen Sehnsüchten zu befassen und die Übung von Seite 85 vorzubereiten: die Wünsche aus dem Kopf und dem Herzen sortieren, auf kleine Zettel schreiben und gefaltet in ein Gefäß legen. Sie werden sehen: Sofort beginnen diese Wünsche auch in Ihnen zu wirken – dabei aber brauchen Sie sich gar nicht aktiv einzumischen. Ab dem 25. werden Sie jeden Tag ein Zettelchen ziehen und verbrennen – und am Ende wissen Sie, was für Sie selbst zu tun bleibt.

DIE ERSTE RAUHNACHT

25. Dezember – der kommende Januar

24 Uhr nach dem Heiligen Abend, es ist soweit! Die Tore zu den Anderswelten öffnen sich, die Zeitqualität verändert sich, die Rauhnächte beginnen. Für exakt zwölf Tage und Nächte gelten nun andere Regeln als im übrigen Jahr. Die meisten beginnen diese Zeit aus der Stille heraus, die noch vom Heiligen Abend her nachwirkt – und tauchen damit gleich in die Stimmung des Januar, der dieser Rauhnacht entspricht. Wenn Sie unser Angebot nutzen wollen, während der zwölf Tage thematisch im natürlichen Kreis durch das Jahr zu wandern, könnten Sie sich heute genau diesem Thema und diesen Fragen widmen:

Stille

Langsames, behutsames Ertasten, Ankommen

- Was bedeutet Stille für mich?
- Was hilft mir, in die Stille zu kommen? Oder vermeide ich sie lieber? Warum?
- Wie erlebe ich mich, wenn ich allein mit mir bin?
- Was mache ich wirklich am liebsten?
- Was mache ich gern allein, was gern mit anderen?
- Wie tief gelingt es mir, in die Stille einzutauchen?
- Kann ich sie spüren, wenn um mich herum Lärm ist?

DIE ZWEITE RAUHNACHT

26. Dezember – der kommende Februar

Der zweite Weihnachtsfeiertag wird meist schon weniger festlich begangen. Viele Menschen treffen zu den Feiertagen ihre Familien, was nicht immer ganz harmonisch abläuft. Ein Grund mehr, heute vielleicht das Thema Frieden zu verinnerlichen.

Frieden

Mit sich im Reinen sein; vertrauen, dass der Samen für das Neue in der Erde ruht

- Was bedeutet es für mich, in Frieden zu sein?
- Hat meine Familie mir Frieden mit auf den Weg gegeben?
- Welche Gedanken lassen mich keine Ruhe finden?
- Was muss ich verabschieden, um ganz in Frieden mit mir zu sein?
- Zu dieser Rauhnacht gehört der Februar, und am 2. dieses Monats ist Lichtmess im Kirchenjahr. Auch Imbolc, das keltische Fest des Lichts, wird an diesem Tag begangen. Sie könnten sich also heute auch fragen: Gibt es eine Erfahrung in meiner Vergangenheit, die mir hilft, mich an das Licht in mir zu erinnern?

DIE DRITTE RAUHNACHT

27. Dezember – der kommende März

Für viele kehrt nun wieder der Alltag ein – und doch kann es in dieser Zeit gar nicht wirklich alltäglich werden. Sie brechen zu einer neuen Erfahrung auf: gesellschaftlich ein weitgehend normaler Tag und dennoch ein Teil der Rauhnächte. Dieser 27. Dezember steht für den Monat März, in dem bekanntlich mit dem Frühling die Zeit des Sprießens, des Neubeginns, eben des Aufbruchs beginnt. Was davon spüren Sie auch am heutigen Rauhnächtetag? Lust auf Neues? Konkret oder ganz allgemein?

Aufbruch

Das, was wachsen möchte

- Was möchte ich gern verwirklichen?
- Wie fange ich im Allgemeinen etwas an?
- Was verhilft mir zu dem Mut, etwas Neues zu beginnen?
- Welche Unterstützung könnte ich mir holen, aus der geistigen oder aus der menschlichen Welt? Wer kann mir helfen, in Aktion zu kommen?
- Welche Dinge habe ich bereits angestoßen, sodass ich sie in Ruhe weiterverfolgen kann?

DIE VIERTE RAUHNACHT

28. Dezember – der kommende April

Der heutige Tag entspricht dem April. Die Natur ist in diesem Monat längst erwacht, viele Knospen spitzen heraus – neugierig, wie wir, wenn wir uns fragen: Was will sich entfalten – in der Natur, im Leben, in uns selbst? Wenn wir neugierig auf uns selbst und andere sind, öffnen wir uns auch für neue Gedankenwelten. Und mit dieser Haltung ließe sich auch ins Erleben dieser Rauhnacht gehen.

Neugierde

Kindlich, offen und mit Freude erwarten, was da kommen mag

- Welche Vorstellung hilft mir, wieder neugierig wie ein Kind zu sein?
- Was ist neu für mich?
- Was habe ich noch nie in meinem Leben gemacht?
- Was wollte ich schon immer mal wissen und wie könnte ich mich auf die Suche danach begeben?
- Welche Persönlichkeit, welchen Künstler oder Politiker, würde ich gern mal kennenlernen, einfach nur so als Gedankenspiel?
- Lasse ich mich gern überraschen, überrasche ich gern andere?

DIE FÜNFTE RAUHNACHT

29. Dezember – der kommende Mai

Spüren Sie noch die stille Besonderheit dieser Zeit? Es braucht einen langen Atem, die Rauhnächte von Anfang bis Ende bewusst zu durchleben. Doch keine Sorge, wenn es mal gar nicht klappt und Sie sich völlig im Alltäglichen oder in der Hektik verlieren: Sie können innerlich jederzeit neu einsteigen. Immer haben wir so viele Möglichkeiten – wie es uns auch der Mai zeigt: alles in voller Blüte, das ganze Potenzial des Jahres greifbar. Um darin den eigenen Weg zu finden, braucht es auch Planung und Strategie – das heutige Thema, wenn Sie uns darin folgen möchten.

Strategie

Überblick gewinnen

- Bin ich mehr intuitiv, emotional oder gehe ich eher rational an die Dinge heran?
- Wie gehe ich bei Aktivitäten am liebsten vor?
- Wie effektiv bin ich dabei?
- Was hindert mich, aktiv zu werden?
- Wirke ich lieber im Team oder allein? Bitte ich andere um Unterstützung oder arbeite ich mich komplett eigenständig durch die Herausforderungen?
- Wie plane ich meine nächsten Schritte?

DIE SECHSTE RAUHNACHT

30. Dezember – der kommende Juni

Unweigerlich geht das Jahr zu Ende. Morgen dreht sich alles um die Party, daher könnte heute genau der Tag sein, an dem Sie innerlich das alte Jahr für sich abschließen. Und vielleicht wollen Sie nicht nur Kopf und Herz, sondern auch den Körper dazu einladen. Es könnte ja sogar sein, dass er dieses Jahr noch einmal tanzen möchte – als Ihr persönlicher Jahresrückblick und zugleich in Vorfreude auf Silvester, einer Vorfreude, wie wir sie auch im Juni mit Blick auf den bevorstehenden Sommer fühlen.

Aktivität

Kraft der Bewegung; nicht denken, sondern etwas aus dem Körper heraus entstehen lassen

- Wie fühle ich mich in Bewegung, in Aktion?
- Welche Bewegung mag mein Körper, welche meine Seele, welche mein Verstand?
- Wie achte ich meinen Körper als das Zuhause meiner Seele? Was würde er mir darüber erzählen, was er gern tun würde?
- Was inspiriert mich und lässt mich geistig in Bewegung kommen?

DIE SIEBTE RAUHNACHT

31. Dezember – der kommende Juli

Partystimmung überall! Auch wenn die Rauhnächte erst am 6. Januar enden und damit das Neue beginnen lassen – heute können Sie das kommende Jahr bereits feiern und das Leben genießen. Das passt auch zum Juli, der Zeit der Badeseen und Grillfeste.

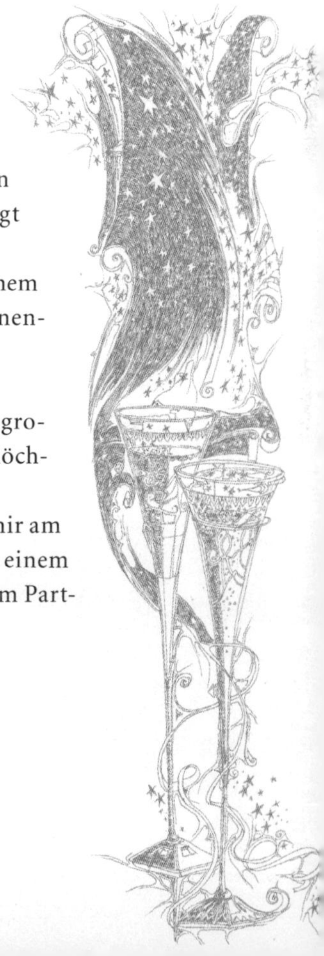

Gesellschaft

Freunde, Feiern, Miteinander

- Was macht ein Fest zu einem richtigen Fest für mich? Was gehört unbedingt dazu, was stört eher?
- Wie kann ich das kommende Jahr zu einem Fest mit vielen verschiedenen »Bühnenbildern« machen?
- Wie gern feiere ich mich selbst?
- Sind es eher die leisen Freuden oder die großen Aktionen, die mir gefallen? Wann möchte ich was?
- Welche Freunde habe ich? Welche sind mir am nächsten? Was wünsche ich mir von einem echten Freund – im Unterschied zu einem Partner, einem Kollegen oder Bekannten?

DIE ACHTE RAUHNACHT

1. Januar – der kommende August

Das ganze Jahr liegt vor uns in all seiner Fülle. 365 Tage warten darauf, von uns mit Leben erfüllt zu werden. Zugleich bereitet sich heute der August vor – und auch da ist die Fülle das alles Bestimmende: die Fülle der Natur, der Früchte und des Getreides, die Fülle an Lebendigkeit beispielsweise im Urlaub.

Fülle

Alles ist ausreichend vorhanden; Fruchtbarkeit; die Freude über das, was da ist

- Freue ich mich an all den Dingen, die ich habe?
- Habe ich alles, was ich brauche?
- Was ist nötig? Was habe ich gern zusätzlich? Was ist überflüssig?
- Was ist mir »meine Fülle« wert? Schätze ich sie – für mich selbst oder als Aushängeschild für andere?
- Steht mir alles zu, was ich habe? Alles, wovon ich träume?
- Wo schränke ich meine Vorstellung von der Fülle in meinem Leben ein?

DIE NEUNTE RAUHNACHT

2. Januar – der kommende September

Nun beginnt tatsächlich für viele der Alltag. Selbst wenn Sie wieder zur Arbeit oder anderweitig ins Getümmel gehen, noch sind wir mitten in den Rauhnächten. Und vielleicht haben Sie es sich inzwischen schon angewöhnt, immer auch mal innezuhalten, ruhig zu werden, zu schauen, was war und was werden könnte. Das verbindet diesen Tag sehr schön mit dem September, in dem der Sommer allmählich zur Neige geht und wir nach den vielen Aktivitäten draußen eingeladen sind, diesen Übergang wahrzunehmen und zu erspüren: Wer sind wir gerade? Wer wollen wir sein?

Intuition

Gefühle und Seele, der Blick nach innen

- Wie oft und wie intensiv höre ich meiner inneren Stimme zu?
- Wie nehme ich sie wahr?
- Wage ich es, meinem Bauchgefühl zu trauen?
- Was würde mir helfen, mehr nach innen zu gehen?

DIE ZEHNTE RAUHNACHT

3. Januar – der kommende Oktober

Genießen Sie Ihre Zeit zwischen den Jahren und alles, was Sie jetzt bewusst erleben? So wie Sie auf ein in vielerlei Weise erfülltes oder zumindest interessantes Leben zurückblicken können, so können Sie heute auch rekapitulieren, welche Einsichten Ihnen die Rauhnächte bislang beschert haben. Ganz so wie im Oktober, in dem man aufs Jahr zurückschaut, die Ernte prüft und Samen beiseitelegt fürs Kommende. Diese Samen, das sind auch unsere Erfahrungen und Ideen.

Ernte

Die Früchte erkennen, die aus den zuvor gesetzten Samen gewachsen sind, neue Samen setzen

- Was habe ich schon alles erreicht?
- Was sind meine Fähigkeiten, Talente, Stärken?
- Was in meinem Leben habe ich durchgestanden? Was hat mich bereits stärker, bewusster und erwachsener gemacht?
- Wie kann ich meine Erfahrungen, mein Licht sichtbar machen? Was kann und will ich an andere Menschen weitergeben?

DIE ELFTE RAUHNACHT

4. Januar – der kommende November

Bald sind die Rauhnächte für diesmal schon wieder vorbei. Haben Ihre Erfahrungen Sie bereits reich beschenkt? Im Jahreskreis ist jetzt November, die Ernte ist eingefahren, und in der Ruhe entsteht Raum für die Dankbarkeit.

Dankbarkeit

Die Früchte einsammeln, die Verbindung mit allem sehen und ehren

- Wofür bin ich in meinem Leben dankbar?
- Welchen schweren Erfahrungen bin ich dankbar, da ich durch sie neue Erkenntnisse erwerben konnte?
- Wie kann ich meinen Ahnen danken? Was habe ich von ihnen, das mir hilft, meinen Lebensweg zu gehen?
- Kann ich auch für vermeintlich kleine Dinge Dankbarkeit empfinden?

DANKBARKEIT ERLEBEN

Halten Sie inne und zählen Sie 21 Gründe für Dankbarkeit auf. Angefangen von der Möglichkeit, jederzeit essen zu können und ein Zuhause zu haben, bis hin vielleicht zu einem liebevollen Partner, einem interessanten Beruf oder bislang wunderbar bewussten, kraftvollen Rauhnächten.

DIE ZWÖLFTE RAUHNACHT

5. Januar – der kommende Dezember

Die letzten 24 Stunden. Der Countdown läuft. Sie sind einen guten Weg gegangen, durch das letzte Jahr, durch die Rauhnächte und damit in gewisser Weise auch schon durch die kommenden zwölf Monate. Sie haben Erfahrungen gemacht und sind – wie immer – klüger als am Anfang. Genau so entsteht Weisheit.

Weisheit

Wissen suchen, das Fragenstellen üben, Rückzug; Altes verabschieden mit dem Wissen, dass Alles schon da ist

- Was bedeutet für mich Weisheit?
- Was für ein Mensch möchte ich gern sein?
- Was sollen andere Menschen von mir sagen können, wenn ich einmal alt bin?
- Welche Lebenserfahrungen von anderen haben mich berührt?
- Wann ist etwas reif? Nur durch einen Alterungsprozess?
- Was empfinde ich bei dieser Aussage: Nicht die Antworten sind wichtig für meinen Weg, sondern die rechte Art, Fragen zu stellen.

DIE SCHWELLE INS NEUE

6. Januar. Die Lücke im Jahresverlauf schließt sich wieder. Der Spuk ist vorbei, die wilden Geister verziehen sich. Und bevor wieder Normalität einkehrte, gab es in früheren Zeiten eine große Feier. Denn waren an diesem Tag alle satt und froh, so würden sie es auch das Jahr über sein.

DIE GESCHENKE DER HEILIGEN DREI KÖNIGE

Gold, Weihrauch und Myrrhe brachten die Heiligen Könige aus dem Morgenland zur Geburt Jesu als Geschenke mit. Auch wir könnten uns am 6. Januar diesen Gaben zuwenden. Das Gold steht dabei für Geld und Beruf, die Myrrhe als uraltes orientalisches Heilmittel für den Körper und der Weihrauch für die Seele. Alle drei zusammen stärken uns also auf allen Ebenen im neuen Jahr. Vielleicht wollen Sie der Frage nachgehen, was für Sie jetzt Gold, Weihrauch und Myrrhe darstellen? Welche Ratschläge erhalten Sie, wenn Sie nach innen schauen oder möglicherweise auch eine schamanische Reise unternehmen? Oder Sie suchen sich auf einer Wanderung für jedes der drei symbolisch einen Gegenstand Ihrer Kraft fürs neue Jahr.

DER JAHRESAUFTAKT

Um Mitternacht die Fenster aufreißen und das neue, frische Jahr feiern. Hinausgehen und in der Natur das Erwachen eines neuen Friedens, fernab aller drohenden Geister, wahrnehmen. Am Dreikönigstag mit Freunden wandern und zünftig einkehren … Wie auch immer Sie diesen Tag begehen: Das Licht hat gesiegt, ab jetzt wird es auch im Außen wieder stärker sichtbar, und Sie gehen mit neuem Schwung in ein unberührtes Jahr.

Rituale enden üblicherweise damit, dass der magische Raum feierlich wieder geschlossen wird, damit der Alltag neu in Leben und Bewusstsein einziehen kann. Eine zwölf Tage und Nächte währende »Ritualzeit« braucht auch einen klaren Abschluss, um sich nicht mit dem Alltäglichen zu vermischen. Das Einfachste ist es, wenn Sie an Ihr Anfangsritual anknüpfen (siehe Seite 88) und nun in damit verwandter Weise Ihre Rauhnächte abschließen. So starten Sie nicht irgendwie, sondern mit Klarheit wieder in Ihr »normales« privates, familiäres und berufliches Leben.

Wenn Sie die Zeit zwischen den Jahren als Vorbereitung für das Neue genutzt haben, haben Sie sich wahrscheinlich auch einen kraftvollen Anker ins Außergewöhnliche geschaffen. Sie können dann von Zeit zu Zeit in Ihre Notizen aus den Rauhnächten schauen, wenn Sie neue Inspiration oder einen Impuls aus dem Pool Ihrer damaligen Erkenntnisse wollen. Wenn Sie ein Jahresmandala gestaltet haben (siehe Seite 94), wird es Sie mit Freude, Vertrauen, Zuversicht und Liebe durch den Alltag begleiten – mit all den Qualitäten, die Sie in dieses Bild eingewoben haben. Und wenn Sie die Rauhnächte einfach als eine gemütliche Auszeit ohne jede zielgerichtete Aktivität genossen haben, erinnern Sie sich doch genau daran, wenn es mal wieder hektisch wird. Malen Sie sich aus, wie herrlich entspannt Sie zwischen den Jahren auf dem Sofa lagen, mit den Kindern herumtollten oder spazieren gingen.

LICHT FÜR MUTTER ERDE

Spüren Sie das Licht, das sich während der Rauhnächte in Ihnen gesammelt und verstärkt hat? Lassen Sie Ihr ganzes Wesen davon erfüllen, lassen Sie es nach außen strömen, in den Raum um Sie her, damit es sich ausdehnt über den Platz, an dem Sie wohnen, über Ihren Wohnort, die Landschaften in Ihrer weiteren Umgebung, über Ihr Land und Ihren Kontinent, bis es sich liebevoll und weich, segensreich und dankbar über unseren schönen blauen Planeten verteilt.

EIN GUTES NEUES JAHR!

Wir hoffen, in Ihnen mit all den Anregungen in diesem Buch jede Menge Ideen für eine besinnliche Zeit zwischen den Jahren geweckt zu haben. Und vor allem Lust darauf, diese zwölf Tage und Nächte zu Ihrer ganz eigenen Zeit zu machen, zu Ihren Rauhnächten mit ihren Weissagungen, Ritualen und ihrem Zauber. An ihrem Ende wird der Jahreslauf von Neuem beginnen, wie auch immer er diesmal aussehen mag. Auf jeden Fall wird sich das aus dem Dunkel wiedergeborene Licht zeigen. Folgen Sie Ihrer Sehnsucht, ganz Sie selbst zu sein! Ein gutes neues Jahr!

DANKSAGUNG

Manche Bücher wollen einfach geschrieben werden. So schien es uns mit diesem Buch über die Rauhnächte. Immer wieder packte uns dieses Vorhaben mit einer solch freudigen Leichtigkeit, dass wir schließlich aktiv wurden. Als wir die Idee dem Irisiana-Verlag vorschlugen, rannten wir offene Türen ein. Denn zur gleichen Zeit hatte man auch dort bereits darüber nachgedacht … Wir danken der engagierten Programmgestalterin Karin Stuhldreier und der herzlichen Lektorin Birte Schrader für die äußerst angenehme und fruchtbare Zusammenarbeit. Wir danken Beate Brömse für die im wahrsten Sinne des Wortes zauberhaften Illustrationen.

Wir danken allen Freunden und Bekannten, die uns von ihrer Art, die Rauhnächte zu begehen, erzählten, und dabei allerlei Spannendes aus dem jeweils regionalen Schatz der Bräuche hervorzauberten.

Wir danken allen Lehrerinnen und Lehrern, in menschlicher und in nichtmenschlicher Gestalt, die uns in diesem Leben unterstützten und voranbrachten. Allen, die uns helfen, uns raten und uns immer wieder anstupsen, dranzubleiben an den Rätseln des Seins.

Von Herzen Danke!

EINIGE WEITERFÜHRENDE HINWEISE

Böttcher, Cordelia: Das Buch der 12 heiligen Nächte. Clavis, 2001
Die zwölf Monate: Märchenklassiker der russischen Filmgeschichte (Trickfilm). www.icestorm.de
Früh, Sigrid: Rauhnächte. Märchen, Bräuche, Aberglaube. Stendel, 1999
Perchtenstiftung: Bayerische Rauhnacht. Sagen, Mythen und Legenden
Ruland, Jeanne: Das Geheimnis der Rauhnächte. Schirner, 2009
Schwarz, Lilo: Im Dialog mit den Bildern des Tarot. Den Rider Waite Tarot ganz neu entdecken und verstehen. Königsfurt.Urania, 2005

Information über die Tradition im bayerischen Voralpenland:
Perchten-Stiftung, Siedlerstraße 16, 85614 Kirchseeon,
www.perchten-kirchseeon.de

Vera Griebert-Schröder ist seit über 25 Jahren in eigener Praxis als Heilpraktikerin, klassische Homöopathin und Therapeutin in München tätig. Ihre zahlreichen Ausbildungen bei Schamanen verschiedener Kulturen und die humanistische und transpersonale Psychologie fließen in ihrer Arbeit harmonisch zusammen. Unterstützende Rituale sind ein wichtiger Teil ihrer Seminararbeit, die sie in Erfahrungen rund um die Erde gesammelt hat. Die Synthese von altem und neuem Wissen und das Bewusstsein für den Jahreskreis macht sie für unseren westlichen Kulturkreis verständlich und für den Alltag anwendbar. Als Autorin liegt ihr die praktische Anwendbarkeit am Herzen. Weitere Titel der Autorin sind: Und in der Mitte bist du heil (Südwest Verlag, 978-3-517-08690-3), Schamanische Reisen zur Seele (Südwest Verlag, 978-3-517-08493-0), Schamanische Bewusstseinsreisen (Buch, Südwest Verlag 978-3-517-08290-5), Schamanische Bewusstseinsreisen (Audio-CD, Irisiana Verlag, 978-3-424-15160-2)

Franziska Muri ist Kulturwissenschaftlerin und vor allem journalistisch tätig. Seit frühester Jugend von ganzheitlichen und mystischen Themen fasziniert, lässt sie diese Bereiche immer mehr zu ihrem Schwerpunkt werden. Sie lebt im bayerischen Alpenvorland.

IMPRESSUM

MIX
Papier aus verantwortungsvollen Quellen
FSC® C017997

Verlagsgruppe Random House FSC® N001967

Alle Rechte vorbehalten.
© 2013 by Irisiana Verlag, in der Verlagsgruppe Random House GmbH, 81673 München

Textnachweis:
Seite 19, *Der treue Eckart*, aus Ludwig Bechstein: Deutsches Sagenbuch, Leipzig 1853; Seite 32ff., *Die zwölf Monate*, nacherzählt nach Samuil Marschak: Die zwölf Monate, Verlag Bruno Henschel, Berlin 1947. Verfilmt im Trickfilmstudio Sojusmultfilm; Seite 46f., *Das Weihnachtsgeschenk* von Johann Theodor Gottfried Grässe aus Sagen der Lausitz, Bautzen 1965; Seite 78ff., *Von der Königin, die keine Pfeffernüsse backen, und vom König, der nicht das Brummeisen spielen konnte*, aus Richard von Volkmann-Leander: Träumereien an französischen Kaminen, Leipzig 1871; Seite 97, *Drei Wünsche* lettisches Märchen, aus der Erinnerung nacherzählt; Seite 102f., *Der Mond* aus Brüder Grimm: Kinder- und Hausmärchen, Diederichs Verlag, München 1997

Umschlaggestaltung: Geviert – Büro für Kommunikationsdesign, München, unter Verwendung eines Motivs von Getty Images/Peter Zelei
Illustrationen: Beate Brömse, München
Layout: Veronika Moga, München
Redaktion: Nicola von Otto, München
Satz: Guter Punkt, München
Druck und Bindung: Anpak printing Ltd
Printed in China
ISBN 978-3-424-15215-9
817 2635 4453 6271

Das Bildmotiv auf Seite 109 finden Sie auch als Poster zum freien Download unter www.irisiana.de